先生が複業について知りたくなったら読む本

前田央昭　著
パパ頭　本文イラスト

プロローグ

世に様々な学校教育に関する書籍がある中、本書にたどりついてくださったことにお礼を言いたいです。ありがとうございます。

本書の目的は、少しでも外界に興味を持ち、「複業の芽はないものか」と考えた方に少しでも勇気をもっていただき、本書を武器にしていただくことです。私は現役教員の頃、複業を志したものの、道半ばで退職しました。あの頃の自分に足りていなかった「情報」と「仲間」を、本書にできる限り丁寧に詰め込みました。

複業との出会いから退職まで

私は2013年に神戸市の中学校に理科教員として採用され、8年（育休の期間を含む）ほど在籍していました。業務は1年目からとてつもなくハードで、始発で出かけて終電で帰ったり、場合によっては帰れなくなってしまうこともありました。そんなとき偶然、コンビニで見かけた『99％の人がしていないたった1％の仕事のコツ』（河野英太郎著　ディスカヴァー・トゥエンティワン）という書籍を購入したことがきっかけで学校教育の外側の情報に興味をもち、そこで得た知識を自分の仕事に転用するようになりました。学校の中で行われている業務の進め方に違和感をもちながらもがいていた私は、学校の現状に対し、「もっと外の世界の知見を取り入れたらいいのに」という思いがだんだん強くなってきました。

そんな中、教員として4年目をむかえた頃、「評価経済社会」の考え方に出会います。他者からの評価や口コミ、フォロワー数の多さがその人を計る一つの指標になり、換金可能な価値になっていくという考え方です。世の中を知るため、仕事と育児の傍らで、評価経済社会について学んでみることにしました。当時の私は海釣りを趣味にしていたため、YouTubeで動画の投稿を行い、フォロワーを増やす実験を始めました。最高で登録者6300人を記録し、このまま続ければ登録者数1万人達成者に送られる「銅の盾」を手に入れられるかも……と思えるところまで来ました。当時は収益化の機能をオフにした状態で運営していましたが、僅かにでも広告収入を得られれば、それを活動に再投資し、もっといろいろな経験を積めるのではないかと考え準備を進めていました。しかし、正規の教員としてそれを実現させることは非常に難しく、結局は退職を選択しました。

同じように苦悩する先生方との出会い

正規の教員を退職した私は、非常勤講師として小学校で週に10時間ほど勤務し、残りの時間は個人事業主として開業し、自分にどんなことができるのかを模索する時間に充てました。アフィリエイト（ＷＥＢの記事に商品リンクを掲載し、成果報酬を得るビジネス）に挑戦するためＷＥＢサイトを立ち上げサイト運営ではページビュー数を獲得することはできるようになったものの、広告を付ける作業や商品リンクへの動線を敷く作業に苦痛を感じるようになりました。請負の仕事についても、特に共感してもいない事業に手を貸してお金をもらう作業にうんざりしてしまいました。

本当に自分がやりたいことは何か、徹底的に自分を見つめ直し、残ったのが「教員の複業」でした。**私は、教師の仕事が好きでした。**生徒たちの自律のための伴走をすることが好きで、そのために自分も社会に打って出て経験を蓄積させたいと思っていました。そこで、稼げるかどうかは度外視して、「教員の複業」を前に進めることに振り切ることを決めました。まずは教員の複業に関するコミュニティを立ち上げることにしました。同時に、運営していたサイトで教員の複業のために有益だと思われる情報を本気で発信するようになりました。その結果、約1年でコミュニティの参加者は50名以上になり、WEBサイトのページビュー数は月間2.8万回を超え、教員の複業に関する悩み事や情報が私のもとに集まってくるようになり、新聞にも活動が取り上げられました。非常勤講師として勤務する小学校でも、子どもたちと授業の合間に職業観について議論したり、世の中のことについて話したり、外界での活動を学校に還元でき始めている実感を覚えるようになりました。

民間企業への就職とNPOの立ち上げ

教員の複業についての情報発信を行う中で、学校内での兼業申請の出し方や全国の事例などについて相当な量の情報収集と研究を行いました。その中で、**本気で誰かが動かなければ教員の複業はこのまま前に進まないかもしれない**と感じ、地方自治体や社会と対等に議論していくためにＮＰＯ法人を立ち上げることにしました。しかし、私には事業を継続的に前に進めていくための知見がありませんでした。そこで、35歳にして初めて民間企業に就職し、経験を積みながら、教員の複業を前に進めるため今も毎日もがいています。

本書の使い方

第1章では教員が複業をすべき理由を様々な角度から考察し、盛り込みました。教員の複業の目的を誰かに問われたとき、ここで紹介する内容がきっとあなたの武器になってくれるはずです。私が紹介した教員が複業すべき理由以外にも大切な意義を感じているようであれば、ぜひ私にも教えてください。

第2章では教員の複業を取り巻く制度と現状についてまとめました。**子どもたちのお手本になるべき先生が法を逸脱した複業をするわけにはいきません**。ここで教員の複業についてしっかり理論武装していただければと思います。また、現行制度の中で既に複業をしておられる先生方の実践例を詳しく紹介しています。先駆者である先生方の事例を感じることで、勇気をもっていただければと思います。

第３章では具体的な行動の起こし方をまとめました。何から手を付ければいいか、どのようなマインドセットで臨めばいいのか、あくまで参考ではありますが、うまく活用していただければと思います。

第４章ではこれまでに私と私に協力してくださる方々がどのようにして教員の複業を前に進めるための取組みをしてきたのか、またこれからどのような展開を予定しているのかをご紹介します。この章の目的は外界に関心のある先生方に勇気をもっていただくことです。そして、ぜひ越境先生の仲間になっていただき、正しい知識を広めていただきたいのです。

本書を読み終えた頃には、恐らくあなたは教員の複業について、自治体や地域で最も詳しい先生になっているはずです。日本には１７００を超える地方自治体がありますが、その一つひとつで**教員の複業の志が芽吹けば、社会を大きく変えることができる**のではないかと思うのです。

本書を通して、学校外の世界に越境を志す先生方に、勇気と正しい知識とが届くことを願ってやみません。

本書では、教員が一人の人間として学校以外にも様々な側面をもち、教育活動にあたってほしいという意図を込め「複業」という言葉を用いています。一般的な「兼業」や「副業」の意味を内包しています。ただし、法律や規程に関する表記の際には「兼業」をそのまま用いています。

contents

第2章

実践編① 教員の複業の制度と現状 ―― 75

contents

contents

第1章

理論編
教員が複業すべき25の理由

皆さんは「複業」という言葉にどのようなイメージをおもちでしょうか。一般的には、個人の能力開発や、収入の増加ではないかと思いますが、「教員の複業」は、社会の様々な問題を前進させることができると私は考えています。

この章では、**教員個人・学校組織・学校教育・社会のそれぞれに対して、教員の複業がもたらす影響**をご紹介し、教員の複業の意義について考えます。

なお、文中では「越境」という表現をたびたび使います。これは、「教員が学校から外の世界へ目を向けて学校の内外を往環する」という意味です。本書を手に取った皆さんと一緒に、越境体験をしていきたいと思います。

1 教員個人に与える影響

まずは複業が教員個人のスキルや価値観にどのような影響を与えるのかを考えていきましょう。

学校の中というのは意外とルーティンワークで回っています。毎年変わりばえのしない日々が続いている……と感じている方もいるのではないでしょうか。一方で、世の中は目まぐるしく変わってきました。40年前であれば、どの業界も同じような働き方をし、仕様書どおりの商品を生産していれば未来への希望が持てていたかもしれません。しかし時代は変わり、人々の価値観や働き方も変化してきました。そんな中、学校や教員だけが取り残されているのではないか。このままでいいのだろうか。私は教員としてキャリアを重ねる中で、そんな焦りを抱き始めました。

そんな時に出会ったある人によって、私はそれまでの価値観を大きく揺さぶられました。その人は「一人社長」でした。一人社長というのは、会社を一人で設立し、従業員を雇うことなく一人で全業務を行う経営者のことです。彼は、アメリカ、中国、日本を飛び回り、メーカー同士をつなぐコンサルティングを仕事としていました。「学校で教員をしている自分とは、全く違う世界に生きている人がいる」。このことに私はとても大きな衝撃を受けました。

この一人社長さんは一例にすぎません。学校の外の世界には様々な人がいて、想像もつかないような生き方をしている人たちがいます。学校の中だけではなく、外の世界をもっと見てみたい。越境することで様々な世界に触れ、結果として教員としての資質に磨きをかけることができるのではないか。そんなふうに考えるようになりました。

本業の業務効率化につながる

すでに複業をしている先生を見ていると、とにかく仕事が速いと感じます。校務分掌が少ないのかと言えばそんなことはなく、むしろ人より多くの業務を担っている場合がほとんどです。元々仕事ができる人に外から仕事の依頼が来ているという側面もありますが、多くの先生方は、**複業をすることでむしろ本業に磨きをかけているの**ではないかと感じています。ここには、二つの大きな要因があると思います。

一つは、「限られた時間でタスクをこなすスキルが上がる」ことです。イギリスの歴史・政治学者であるシリル・ノースコート・パーキンソンは、組織の運営における人間の心理に関する分析を行いました。その中で、「仕事の量は、完成のために与えられた時間を全て満たすまで膨張する」という法則を見つけ出しました（第一法則）。簡単に言うと、人はタスクの量にかかわらず、時間があれば、あるだけ使ってしまうという法則です。

複業をする場合、本業にかけられる時間が限られてきます。それでも質を落とさずに仕事をこなすには、速度を上げざるを得ないのです。本業も複業も決められた時間の中で進めていくためには、効率よく仕事をこなしていく必要があります。

もう一つは、複業によって、学校外の仕事の仕方に触れることで「業務効率化のヒントを得られる」ことです。学校内で効率化を研究するのはもちろん大事ですが、営利の現場の効率化はより進んでいます。人を動かすこと＝コストですから、学校現場とは比較にならないコストダウンの工夫が行われているのです。

住まいを探すために不動産屋を回っていたときのことです。担当者が接客の場でPCを操作しながら話を聞き、情報提供をしてくれていることに気づきました。当時、私の職場では職員室の外に持ち運べる端末が導入されたばかりだったので、早速、三者面談でそのやり方を試してみることにしました。進路に関するデータを端末で確認しながら行う面談は、書類作成の手間が減るのと同時に、データを移すミスも起こらず、効率的かつ確実性の高いものになりました。

さらに、民間事業者は様々なアプリやデジタルツールを使用しています。それを複業で体感することで、今後も登場するツールの便利な使い方を学校現場に取り入れていくことができるはずです。

学校外との連携が圧倒的にうまくなる

子どもたちを支えてくれるリソースは学校内外を問わず、多いに越したことはありません。学校で何気なく使われているテントは寄付されている場合が多いですし、私が授業で使っていた短焦点のプロジェクターは地元企業からの寄付で購入したものでした。職業体験の行事は企業の協力のもとで実現できています。キャリア教育や部活動においても、学校の外からの協力は今後ますます不可欠になってくるでしょう。

複業をはじめとした**「越境」の経験がある教員は、学校の外の人たちとの連携が上手になります**。教員不足のいま、地元企業や団体といかに連携をとっていけるかは、今後の学校運営のカギになってくるはずです。

私の知る元中学校長は、現職時代に有名企業の協力を取りつけ、職員研修として教員を引き連れて企業の視察に何度も足を運んでいました。そこで見聞きしたものを学校運営に取り入れ、見事に業務の効率化を実現していました。この校長も著述業や不動産業などの複業に取り組んできた背景があります。

複業を経験した教員は「三方良し」の考え方ができるようになります。「三方良し」とは、売り手よし、買い手よし、世間よし、の三方が満足する状態のことです。自分たちの希望も叶えつつ、連携先のメリットも考えつつ、社会的に意義のあることを組み立てる。皆がしあわせになる座組、構成のバランス感覚は、経験を積むことでしか身につけることができないのかもしれません。

学校外とうまく連携して子どもたちに豊かな学びを提供するためにも、複業は有効な教員研修になると考えています。

自分の指向や強みの再発見につながる

教員が複業を行うことは、その人自身の専門性や強み、価値観や指向の再発見につながると思います。

自分の再発見のための作業を「自己分析」や「自分の棚卸し」などと言ったりします。就職活動や転職活動を行う場合、自己分析は必須です。自分の指向や価値観、得意不得意を自認した上で、マッチした企業を選択しなければならないからです。

一方で、教員で自己分析を経験している人はどのくらいいるでしょうか。教員の仕事内容については採用試験を受ける前にある程度理解できていますし、「教えるのが得意」「子どもが好き」といった理由で教員を志望し、後は受ける自治体を選んで受験するため、自己分析をする機会は少ないと言えます。実際に私も自己分析をし始めたのは、複業や転職活動を始めてからでした。もっと早くやっておけば良かったと思いました。

なぜ自己分析が大切かというと、自分を知らない状態というのは、自分自身を何となくぼんやりとした理解のもとで使ってしまっているようなものだからです。

例えば、車を買うときに「走れば何でもいいや」という感覚で買う人はまずいないでしょう。「家族がいるからスライドドアで、燃費はこれくらいで、運転の楽しさがあって、後は車庫のサイズを考えると……」など、目的や用途に合った車を選び、最大限に満足を得たいと思うはずです。

「自分自身」は、私たちが持っている人生最大のツールです。人生で最も高価で価値のあるものです。しかし、自分自身のスペックを理解しないまま、ただ何となく使うのはとてももったいない。そう思えてきませんか。

複業は限られた時間の中で行う場合が多く、成果を出すためには自分の専門性や強みを知る必要があります。複業を成立させるために試行錯誤を繰り返していくと、自然に自分自身を再発見できるのです。自分の扱いが上手になればなるほど仕事も生活も上に向いていきます。

キャリアのリスクヘッジになる

私は、教員に転職を進めたいわけではありませんが、「教員にしがみつくしかない」という状況は、健全な状態ではないと考えています。例えば、バーンアウトしてしまったのにその職場から動くことができないという状況は、個人にとっても組織にとってもプラスではないと思うからです。

環境を変えることができない状態は、個人にとってリスクになります。 教員を取り巻く環境である同僚や上司、保護者や生徒、そして地域。これらは、一教員にとってはコントロールが難しいものです。自身のライフステージも変化する長い教員生活の中で、40年間、無事に働き続けることはもはや不可能かもしれません。

学校というその場所を少し離れたくなったとき、「自分には教員しかできない」という現実は、心に重くのしかかります。

学校にとっても「しがみつくしかない人」の存在は組織を固くさせます。長く同じ組織に居続ける人は自分の考えに固執しがちになり、現状維持を続けようとします。その世界に長く居すぎることで「正しいのは自分たちで、間違っているのは外の世界の人たちだ」という思考パターンに陥ることもあるでしょう（これが学校教育が長く変わらない、変革が起こりにくい原因の一つではないかと感じています）。

複業することによって得た自信は、「ここにいることしかできない」という気持ちを軽くしてくれます。小学校教諭をしながらSNSのセルフブランディングを学び、非常勤講師をしながら企業や私立学校向けにSNSコンサルティングを行うなど複業に精力的に取り組んでいる人がすでにいます。複業する教員にとっては、「フルタイムの教員である状態」は一過性の状態にすぎないものとなるのです。

成長欲求を満たすことができる

複業は成長の欲求を満たしてくれます。

私は、教師になって5年目あたりで自分自身の失速を感じました。1〜3年目までの成長が0点→60点までだとしたら、その後の成長率は鈍化していき、成長したい欲求が満たされなくなった感覚がありました。

ロールプレイングゲームで言えば、とにかく楽しく1周目をクリアした後の状態に似ているかもしれません。2周目も1周目に気づかなかった発見などがあり楽しいものです。しかし、私は3周目は回らず、別のゲームへの挑戦を選びました。

ロールプレイングゲームを1周か2周でやめるのか、それ以後も「やり込む」のかは、それぞれの人の性質とその職業との相性などに左右されます。昨今の研究では、性格やライフスタイルのようなものも、遺伝でその大部分が決まると言われています（『日本人の9割が知らない遺伝の真実』安藤寿康）。後天的な努力や成育環境によらず、**好奇心の強い人は好奇心の強い自分を変えがたい**と言います。好奇心の強い私は、「もっと知らない世界を見てみたい！」「もっと成長したい！」という欲求が抑えられなくなりました。

いまはインターネットやSNSによって他人の人生を簡単にのぞき見することができます。他業種の人たち、他の国の人たちが生き生きと生活し、学び、働く姿をスマホ越しに見ながら、私ももっと様々な世界を見てみたい、この好奇心をフルに活かして子どもたちに還元していけないだろうか、そう思いました。学校にとっても、好奇心のある教員の成長意欲にふたをしてその人の良さを活かせないのはもったいないと思うようになったのです。

アイディアを自由に試し、手数を打つことができる

意味もなく続いているルールや仕事の進め方を続けることを「前例踏襲」と言います。前例踏襲を押し付けられ、仕事上に裁量権のないことは、従業員の幸福度を低下させ、エンゲージメント（従業員が組織に共感し、組織に貢献したいと思う意欲）を下げるという研究もあるようです（『科学的な適職』鈴木祐）。

これは、複業に興味を持つ先生にとっては、特に大きな問題です。

私は中学校と小学校に勤務したことがありますが、どちらかというと中学校のほうが制約が多かったように思います。自分だけでは責任を取ることができないので、学年や学校、行政としての意向を考慮した上で業務にあたっていました。

子どもたちと一緒に何か企画をして、自分たちの学校の備品を買う、というのをやってみたいなと思っても、それを実現させるためにはたくさんのステークホルダー（関係者）に説明をしなければなりません。完成された大きな組織ほど、様々

な調整が必要であり、学校はその代表格とも言えます。

一方で、個人レベルの複業の場合は、兼業許可が取れるかどうか、法や制度的に問題はないかといった制約はあるものの、それらをクリアしてしまえば基本的にはスピード感をもって進めることができます。複業は経営母体が自分で管理者も自分、従業員も自分だからです。

例えば、「面白いことをしたいな」「コラボしてみたいな」と思ったとき、学校では企画書を用意して相手について調べ、どういった目的で何をどのようにコラボするのか、校内の多くの人を説得して回る必要があります。相手に対して本格的にコンタクトを取るのはそれからです。一方、個人レベルの複業であれば、「一緒にやりたい！」と思った瞬間に連絡を取れるので、すぐに具体的な話にもっていくことができます。

「学校」という公的機関の看板を背負っていないことで、逆にフラれる可能性も高かったりはしますが、それは数を打てばいいだけの話です。10回声がけして2回くらい返ってきたら十分。機会を開拓していけば、そのうちに打率が上がっていきます。なかなかアイディアを試せないフラストレーションが、複業を通じて解消されていき、**あなたの内なるバイタリティが活躍の場を得る**かもしれません。

経済活動の体験

教員の仕事は、実績が売り上げに結びつく——というような類のものではありませんから、給料と業務に相関関係はほとんどありません。地域や学級の人数などにかかわらず、基本的に給料は同じです。ですので、教員である限り「提供した価値に見合った報酬を受け取る」という経験をする機会はあまりありません。

そこでもし、「趣味の作品をフリマアプリで販売する」という複業が実現したら、様々な経済活動が盛り込まれることになります。この作品を使う人はどんな人なのかをイメージし、製品開発をする。これは製作・製造の基本です。つくった商品を届けるためにはどんなアプリを使えばいいのか、宣伝文句はどんな文言にすればいいのか、これを考えるのはマーケティング活動になります。販売するためには、システムの利用料や送料・材料費や自分自身の労力や類似品の価格といったものを意識して、値段をつけることが必要になります。

「作品をつくって売る」という簡単な行為だけでも、様々な要素が盛り込まれていて、そのどれもが学校では体験できないものです。その作業を経験することによって得られる視野の広がり、それはとても大きなものだと私は感じます。

儲けること、商売することを「何となく俗っぽいもの」と思うのか、それとも実際に体験し、理解した上で子どもたちと向き合うのか。私は、子どもたちを社会へ送り出すために、後者のような教員になりたいと強く思いました。本書を手に取っているあなたも同じような考えをもっているのではないでしょうか。

慣れない環境に身を置くことによる学習効果

教員生活は5年もすればある程度は慣れてきます。学校内や教育委員会の組織内でキャリアチェンジができれば、もしかすると慣れから遠ざかることができるかもしれませんが、同じような仕事内容でルーティンワークが続くこともあります。

「慣れ」は一見良いことのようにも思えますが、不都合な面もあります。それは、前述したように成長曲線が徐々に緩やかになっていくということです。

人や組織の成長を、「三つのゾーン（領域）」で表す考え方があります。

・パニックゾーン（何をしたらいいかわからない、わからないことすらわからない領域）

・ラーニングゾーン（少し居心地が悪く、学ばなければついていけない領域）

・コンフォートゾーン（慣れて安心しながら活動できる領域）

多くの先生は、初任の1カ月程度はパニックゾーンにいます。それが徐々に学校の論理を身につけていくことでラーニングゾーンへと切り替わります。そして、学校という職場の中で様々なことを学び、経験し、コンフォートゾーンに落ち着く。いまこの本を読まれているあなたは、すでにコンフォートゾーンにいるのではないでしょうか。

仕事を安定してルーティンで回していけるため、コンフォートゾーンは居心地が良いものです。しかし、コンフォートゾーンに居続けることは、成長の機会を逸してしまうと考えることもできます。

複業で経験できる世界。それは、まさにラーニングゾーンです。

例えば、SNSでの発信などは複業の第一歩としておすすめなのですが、なかなかその一歩が踏み出せず、コンフォートゾーンにいながらラーニングゾーンの様子をうかがっている状態の人はたくさんいると思います。

環境の異なる場所に自分を放り出す、それはとても勇気のいることです。しかし、初任の1～2年目、ものすごい勢いで成長したことを思い出してください。あの新鮮な喜びを再現するために、ぜひ複業の機会をもってほしいと思います。

希少な人材になれる

教育改革実践家の藤原和博氏が提唱しているキャリア理論で、「1万時間の法則」というものがあります。「1万時間を一つの仕事に費やせば、100人に一人の人材になれる。それを二つ組み合わせると1万人に一人の人材。さらにもう一つ掛け合わせると100万人に1人の人材になれる」というものです。

複業のレベルだとそこまで時間をかけられません。学校教員としての本業を疎かにすることはできないからです。

しかし、私の感覚ですが、一つの軸がしっかりしていればサブの軸に関しては1万時間もかけなくてもいいのではないかと感じます。学校の教員でありながら、外の世界で複業をする。そうすると知識は深まり、能力も伸びます。その掛け合わせは、相当な威力を発揮できそうな気がするのです。

あるとき、某企業が教育系のオウンドメディア（Owned Media）をつくりたいと試行錯誤していました。オウンドメディアとは、企業が自社で保有するメディア、ホームページやSNSアカウントのことを指します。その企業は、「ライターがいない」と困っていました。文章を書ける人はいるものの、想定読者を保護者や教員にしたときには教育に関する専門性が必要になるからです。

このような求人に対し、すでに教育に関する専門性を持っている教員で文章をきちんと書ける能力があれば、学校教育の専門性×執筆力の掛け算によって、理想的な人材になることができます。自身が持っている知見をさらに輝かせるために、複業によって別の能力も手に入れ、自身の付加価値を高めていきたいものです。

「自分への投資」という感覚を身につける――投資のリテラシーを磨く――

最近はつみたてＮＩＳＡやｉＤｅＣｏなどを活用して長期投資に挑戦する人も増えています。その他の投資商品について調べた人もいるでしょう。私は、「自分に投資する」という感覚が非常に大事だと思っています。ここでの「投資」は「お金を投資する」という狭義の意味ではありません。「資源を投入することによって何らかのリターンが得られること」全てを投資と捉えています。私は、この「自分自身への投資」という視点が、複業を始める前には持てていませんでした。

私たちが投じることができる「資源」には、様々なものがあります。時間、お金、労力、人脈。お金のように数字で計れるものから、そうではないものまでいろいろあります。

自分の持っている「資源」を投じると、何らかのリターンが得られます。この、広い意味での投資を繰り返していくと、どのようなリターンが返ってくるのか。それを感覚的につかめるようになることで、投資のセンスが磨かれていきます。

複業することによって自分への投資という感覚を磨いていく。最初はうまくいかなくても、繰り返していくうちに様々な形でリターンが増えていることに気づきます。


私は以前、部活動の地域移行にかかる民営化を模索する企業から頼まれて、協力したことがあります。知人の管理職の先生を紹介したり、学校へのヒアリングに同行したりと、全てボランティアで、自分の時間を使い、移動にかかるお金なども持ち出しでした。それでも私は、このことに「投資」してみることにしました。

部活動の問題には大きな関心があったこと、当事者意識が強かったという理由に加えて、このことからどのようなリターンが得られるかが協力への動機でした。その結果、以下の二つのリターンを得ることができました。

・部活動の民営化という教育トレンドの課題に対してアプローチした実績

・企業と協働した実績

その企業が部活動のビジネスに本格参入するところまでは見届けていませんが、私が得られた実績は、非常に大きいものでした。
・公教育の業界への参入はハードルが高いということ
・公教育にアプローチするビジネスは、お金の出どころを設計するのが非常に困難であるということ

これらのことも実感を伴って理解できました。その後、私は様々な場所でこの経験を活かすことができています。

このように、外の世界と関わることで、時間やお金、労力など、自分の資源を投じ、そのリターンを得る経験ができます。最初はうまくいくとは限らず、リターンがマイナスになることもしばしばです。しかし経験を積むほどに、どこにどのように投じれば効果が期待できるかが予測できるようになります。

学校の中でも、子どもたちの成長のために使える資源は限られています。複業で

得られる嗅覚やリテラシーは、教員という職業活動の効果を大きくすることができるのではないでしょうか。

2 学校組織に与える影響

教員の複業は、教員個人のスキルアップやキャリア形成に役立つだけではありません。ここからは教員の複業が学校組織に与える影響について考えてみます。

学校の困難な状況を覆す一手となる

教員として長く勤めていると、学校独自の論理や業務の進め方には熟練していきますが、変化の激しい時代、そのような人材だけでは学校という組織の運営がままならなくなってきています。

現状を見ると、学校内の業務や児童生徒への対応、保護者への対応に慣れている中堅の教員に業務が集中しています。そしてそのような中堅教員が疲れ切ってしまい、学校を去ってしまう……。どの地域や学校でもあちこちで起こっています。

少し不謹慎かもしれないですが、私は**この状況が、太平洋戦争末期の帝国海軍と重なる**と感じています。太平洋戦争中、海軍は大艦巨砲主義で戦略を進めるか、航空戦力の充実に舵を切るかで意見が割れていました。結局は大艦巨砲主義を貫き、大型戦艦を建造し続け、戦局は悪化していきます。

このことだけでなく、様々な要因で海軍は連敗を重ねることになるのですが、その最たる原因は、過去の成功体験にとらわれ続け、同じ戦略で自転車操業の戦いをし続けたことにあります。

戦局が不利になっていく中、前線では熟練した素晴らしいゼロ戦乗り（戦闘機パイロット）たちが倒れていき、仕方なく若い兵士を逐次投入しますがこれも失っていく。結末は皆さんがご存じのとおりとなりました。

私はいまの公教育の現場でも、このようなことが一部で起こっているのではないかと感じるのです。仕事のできる先生方に負荷をかけ続け、疲弊させている。そして、若い先生方を採用してもすぐ最前線に投入し、長続きできない状況に追い込む。

いままでのやり方に固執し、今日や明日を何とかやりくりしている……。

これが、学校が教員にとって非常に苦しい場になっていることの大きな原因の一つではないかと思います。

ある教育委員会の方からこんな声を聞きました。

「学校は本当に大変な状況で、何とか変えていかなければならない。でも、その改革はもう内部の力だけではどうにもできない」

私も同意見です。だから、複業を推進することによって、外の世界に触れた教員が、学校内部の改善点を見つけて言語化する。そして、それぞれに成功事例を積み重ねることで、この状況を変えていけるのではないか。**教員が外の世界に出ることは、間違いなく意義がある**ことなのです。

業務の仕分けができる教員が増える

「業務の効率化」と「業務の仕分け」は、少し毛色が異なります。

効率化というのはすでに存在する仕事を簡素化し、素早く済ませるということです。例えば、手間の少ない印刷の方法や、印刷せずにデジタルのファイルで配布することなどがが、効率化にあたります。

一方で、業務の仕分けとは「そもそもこのプリントを配布する必要はあるのか」とふるいにかけ、必要がなければやらない、または配布の回数を減らす、といったことです。

一つの組織に居続けると、既存の業務を疑う嗅覚が鈍っていきます。異動して新しい学校に赴任したての頃は、随所に違和感を覚え「こっちのやり方のほうがいいのではないか」とか「この業務は要らないのではないだろうか」と感じることがあったのではないでしょうか。

アグレッシブな先生であれば赴任後に抱いた違和感を全体に伝え、業務を最適化するために動くこともあるでしょう。しかし、この違和感は、年数を重ねるほどに薄れていき、最終的にはその職場に適応していきます。そして、影響力のある立場に就いた頃には、その学校の風土に染まっているのです。

これがもし、複業で学校の内外を行き来していたらどうでしょうか。異動がなかったとしても、学校内の違和感に気づくことができるかもしれません。別の視点から考えると、教員が複業できる時間は限られているため、やるべきこととそうでないことを整理して、場合によっては切り捨てなければなりません。自分の中のセンサーを鍛え、行動することによって仕分けのセンスも培われます。

私は、複業の一環として始めたYouTubeチャンネルで、海釣りの初心者向けのノウハウを発信していました。一時は6300人以上の登録者を獲得したことがありますが、時間や編集作業のコストがかかるため、やむを得ず中止しました。いまでこそ冷静に振り返ることができますが、中止の決断はとても怖かったです。しかし、こうした経験は、本来の目的のためにやるべきこととやらなくてもいいことを嗅ぎ分ける力、嗅覚を鍛えてくれました。

教員が本来の教育活動とは何か仕分けるセンスを身につけ、学校の業務を見直すことができれば、組織全体にプラスになるのではないでしょうか。

教員のエンゲージメントが向上する

「エンゲージメント」という言葉は、深いつながりをもった関係性を意味します。そして、ビジネスシーンで「ワークエンゲージメントが高い」と言うと、業務内容や労働条件に満足し、仕事に対して意欲や情熱を持続的に持ち続けていること、ポジティブで充実した心理状態を言います。

教員が複業することとは、**本業に対するワークエンゲージメントを向上させる効果がある**と私は考えています。

経済産業省の「兼業・副業を通じた創業・新事業創出に関する調査事業」の研究会提言によると、複業をすることによる従業員のメリットは**次表**のように紹介されています。

表から、複業はキャリアの拡大やスキルの獲得など、自己研鑽の機会と効果が期待できることがわかります。また、安定した収入がある上で、本業とは異なる仕事

メリット	具体例
所得増加	●本業以外で所得を得ることができる。
自身の能力・キャリア選択肢の拡大	●社内では得られない知識・スキルを獲得できる。 ●社外人脈を拡大することで自分自身のキャリアを開発できる。 ●社外でも通用する知識・スキルを研鑽することで労働・人材市場における価値が向上する。
自己実現の追求・幸福感の向上	●本業で安定した所得があることを活かして、自分のやりたいこと（社会貢献活動、文化・芸術的活動等も含む）に挑戦・継続できる。
創業に向けた準備期間の確保	●働きながら将来の起業・転職等に向けた準備・試行ができる。

中小企業庁「兼業・副業を通じた創業・新事業創出に関する調査事業研究会提言」より

に挑戦できることも魅力の一つです。私のもとに複業をしたいと相談してきた方は、写真家や文筆家など様々な分野に挑戦していました。

次頁のグラフは、私が独自に114名の先生方にアンケートを取ったときの、結果の一部です。

アンケートによると55・3％の先生方の退職の検討に複業が関係していることがわかります（**図1参照**）。また、96・5％の先生が複業を「ぜひ挑戦してみたい」「少しやってみたい」と回答しました（**図2参照**）。

やってみたいと回答した先生方の主な動機は、「収入を増やしたい」「スキルアップし教員の複業がしにくい現状が退職（検討）理由に与える影響を教えてください。
114 件の回答

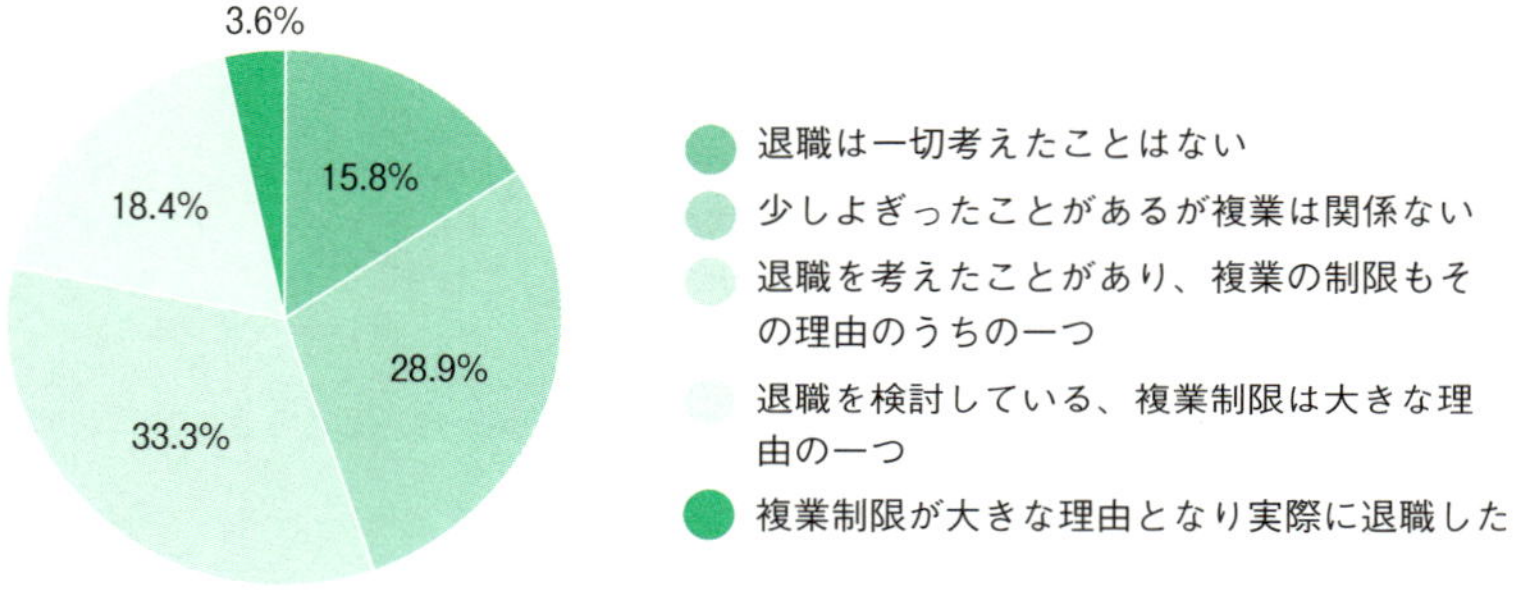

図 1

「少しやってみたい」「ぜひ挑戦してみたい」と答えた方の動機を教えてください。（複数選択可）
109 件の回答

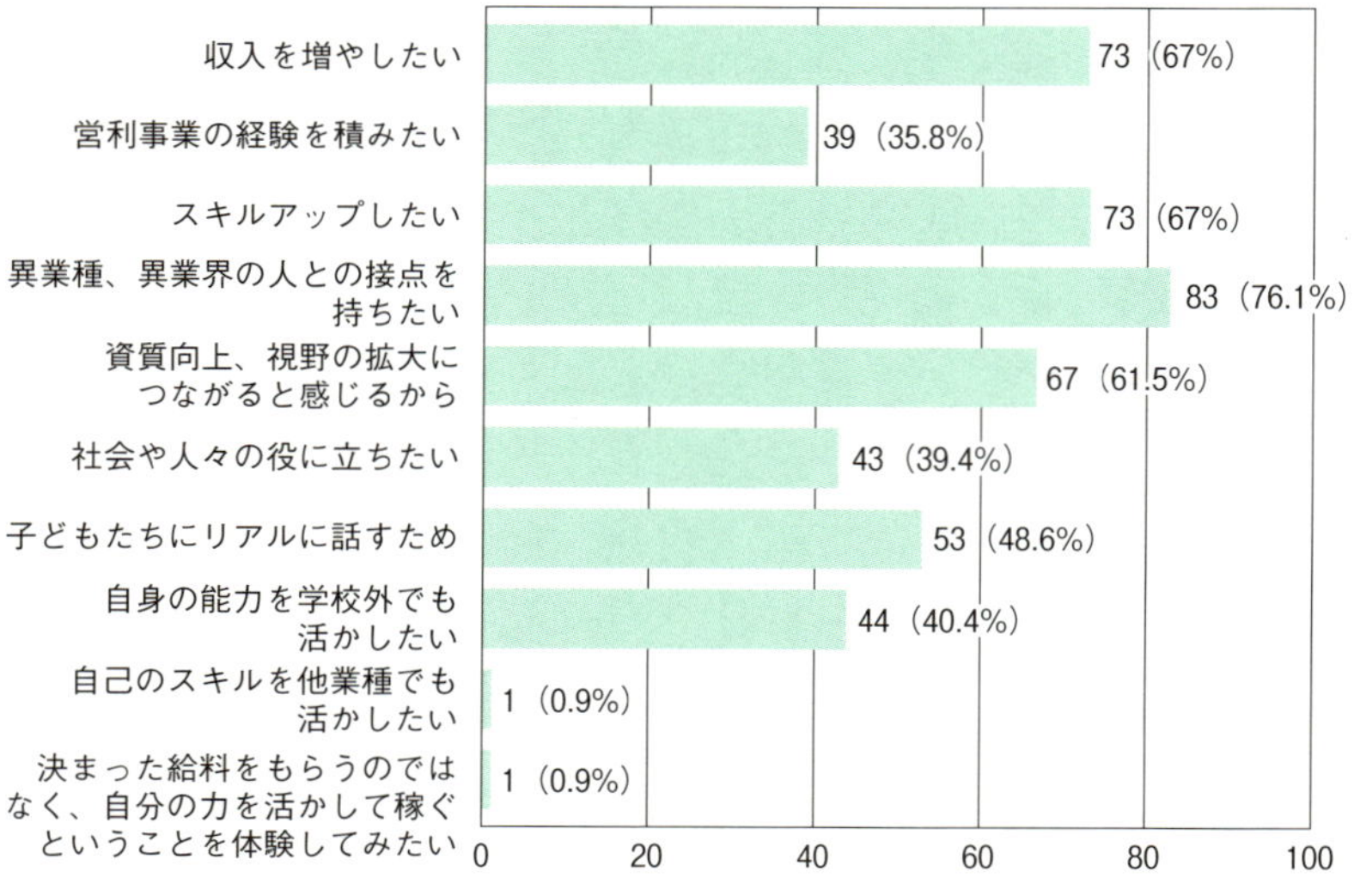

図 2

たい」「異業種、異業界の人との接点をもちたい」「資質向上、視野の拡大につながると感じるから」の四つの項目が上位となり、経産省の提言にある従業員のメリットと多くの部分で一致していることがわかります。

経産省の提言、そしてアンケートの結果から「先生方は複業に対して何らかの研修効果や所得の拡大を期待しており、それらに制限をかけられることによって退職を検討したことがある人が半数以上いる」ということが見えてきます。

逆に言えば、複業をしやすい環境をつくり出すだけでも、教員のワークエンゲージメントは向上する可能性がありそうです。

また、私の運営するコミュニティを見ていると、複業は学校とは違うサードプレイスの役割を果たしていると感じます。全ての教員が複業をすべきとは思いませんし、その余白があるとも言えません。けれども、「複業する」という選択肢があるだけでも、教員のモチベーションを高めてくれるように思います。

人材の活性化・流動化・多様化が促される

教育現場に限らず、「多様性」が重視される時代になりました。私は理科の教員だったので、よく子どもたちにこんな話をしていました。

「違いを認めることが大事だと言うけれども、それは生物の進化の歴史からもわかります。例えば同じ種類の生物の中に樹上でしか生きられないものと平地でもやっていけるものがいたとしましょう。もし、環境が変化して森林がなくなってしまったら、平地で生きられるグループは何とか生き残ることができる。仮にこの種の全てが樹上でしか生きられないものだったら、その生物は森林とともに滅んでしまう。つまり、違いがある人がいることを認めるのはとても大事なことなんです。別に仲良くならなくてもいい。ただ違いを認めて、同じ空間でお互いに居心地が悪くないようにしながら、たまに協力できたら、それでいいと思います」

教育観については人それぞれなのですが、これからの変化の激しい時代を生き抜く上で、学校組織にも多様な人材が必要であると私は考えています。

多様な人材を必要としている一方で、先ほどの項で述べたように外の世界に興味を持ったり、挑戦したいと思うような好奇心を持っている教員は、学校という空間に居心地の悪さを感じて出ていってしまうかもしれません。

そこまではいいと思うのです。転職が当たり前になり、マルチステージになっている社会ですから、いったん外に出ていって広い世界を見るのは大いに良いことではないかと思います。問題なのは、そういう冒険心のある人たちに「そろそろ戻りたいな」「両方手放したくないな」と感じさせることができないことです。アンケートに答えてくれた114人のうち、21名の方は元教員やフルタイムではない方でした。

その方々向けに「現在フルタイムの教員として働いていない人に質問です。複業を含めた外部での活動がしやすくなれば、フルタイムの教員に戻りたい（なりたい）と思いますか」と質問したところ、意見が分かれたのです。42・9％の人は「複業がしやすくなればフルタイムの教員に戻ってくる可能性がある」と答えた一方で、57・1％の人は、「他の問題も大きい」と言っています。ぜひ結果を精読ください。

この他にも、民間から教員になる活動をしているある団体に話を聞いたところ、「先生になってみたいというビジネスマンは多いものの、収入の低さがネックになっている。それだけなら彼らは自分で稼いで何とかするのだけれど、複業が制限されているということで諦める人も多い」ということでした。いまの状況は、冒険心のある人は外の世界には出ていくけれども、学校には入ってこないという図式になっているのです。

複業をしやすくすることによって、**学校の中にいる冒険心のある教員は息を吹き返し、出ていった人もある程度戻りやすくなる**。さらに、**新たに外から優秀な人材が入ってきやすくなる**。こんな効果が期待できるのではないでしょうか。そのような学校はきっと多様性に富んだ、いまとは違う姿になっているはずです。

外界との接点になる〝組織の中の個人〟が育つ

近年、〝バウンダリー・スパナー〟（Boundary Spanner）という言葉が注目を集めています。バウンダリー・スパナーとは、異なる点と点をつなぐもの。つまり、異なる組織間の境界を越えて知識や活動を共有する人々のことです。組織内外の異なるグループや部門間で情報やリソースを効果的に共有し、連携を促進する役割を果たします。

学校という組織を考えてみると、

・人材の出入りが活発ではない
・価値観が固定化されやすい
・他の業界とは論理や言語が異なる

などの特徴に改めて気がつきます。これが、変化やイノベーションの起こりにくさの原因になっているのではないでしょうか。

ではどうすればいいのか。

ここでもやはり教員の複業が効いてくると思います。複業を容認することで組織にとってのバウンダリー・スパナーが自然発生するのです。教員が複業による越境体験をすることで、馴染みのない環境に身を置くことになり、学習が促進されると考えています。

このような越境学習の概念が近年注目されています。『越境学習入門 組織を強くする「冒険人材」の育て方』（石山恒貴）によると、慣れ親しんだホームとアウェーを往還することで、ホームである組織にも影響を及ぼすと言います。アウェーで刺激を受けた人材は、ホームで強い違和感を覚え、それを改善するために行動を起こし始めるのです。

ある学年主任の先生は、様々なツールや働き方に触れたことで、仕事の仕方を見直しました。Slackなどのコミュニケーションツールを使うことで、学年から朝の打合せをなくしてみたのです。メッセージを送信し合い、情報はチャンネルと呼ばれる専用のスペースに集める。そうすれば、毎朝わざわざ職員室に集まらなくても必要な情報を迅速かつ確実に共有できるからです。

複業を解禁させれば、バウンダリー・スパナーや越境者が学校業界に増えていき、外界との連携や組織改革が加速していくと私は確信しています。**教員の複業は「自分だけが得したいからやる」というような性質のものではない**のです。

当事者意識をもったリーダーが育つ

以前、あるニュースで外国人の大学教授が「**日本人は国や会社のせいにする傾向がある。問題を自分事として捉えなければ、組織も社会も良くならない**」と発言していました。

耳の痛い話です。つい「学校の方針が悪い」「管理職が動いてくれない」「教育委員会は」「文部科学省が」などと考えてしまうことはないでしょうか。私自身も自分の外側に対して不平をもらしてしまいたくなることがあります。でも、他人の価値観や考えは変えられませんし、すぐに大きなスケールで話が動き始めることもほとんどありません。それならば、自分の影響力が及ぶ半径5メートルの範囲の改善から始めたらいいのではないかと思います。

このような自立したマインドセットを持つためにはどうしたらいいのか。複業をすることによる当事者意識の醸成が効果を発揮するのではないかと思います

著述業をしている先生に話を聞くと、「お金を出してまで読んでもらうのだから緊張感はある」と言います。自身の著書にどれだけの反響があるかということに敏感であり、責任を持って書くことを最優先にしているのです。当然、キャッチコピーの威力や表紙のインパクト、出版時期なども大きく売れ行きに関わりますが、それでも、著者としてその本を出版する意義に一定の責任を負うという感覚を持っているのです。

また、不動産業をしている人に聞くと、自分の持つ物件にお客さんが入ってくれるかどうかは努力や工夫次第だ、とのこと。立地や建物の性能で全てが変わってしまいそうに思いますが、仕入れ値や不動産会社との関係づくり、住環境をいかに入居者の希望を満たす状態にできるか等々によって、結果に大きく影響が出るというのです。物件の状況に当事者意識と責任を持っていると感じます。

組織の中で、どこまで当事者になれるかというのも難しいことかもしれませんが、少なくとも、自分で意思決定をしたという経験は生きてくるはずです。校長が自分たちとは異なる判断をしたときに、その判断と自分自身の考えとをすり合わせて考えることは、何かのせいにして行動しないことよりもはるかに生産的です。小さな当事者体験を積み、学校にある諸問題を自分事として捉えた上で、自分のできる範囲で真摯に向き合う。そんな教員が複業の解禁によって増えていけば、学校組織は自らの力で強く変化していくことができるのではないでしょうか。

3 学校教育に与える影響

教員の複業は、教員個人・学校の組織運営に影響を与える可能性について述べてきました。ここからは、学校教育全体に与える影響についても考えていきましょう。

魅力的な先生が増える

次の1と2の先生がいたとします。どちらが魅力的に感じますか。

1　理科の先生

2　休日は山で鹿を狩っている理科の先生

では、次の選択肢ではどうでしょうか。

1　小学校の担任の先生

2　BMX（自転車競技）がプロ級な小学校の担任の先生

どちらも2のほうが魅力的に映りますよね。実は、この理科の先生も小学校の担任の先生も実在の人物です。

理科の先生は猟銃を手に山に入ることがあります。狩った鹿を売ったり食べるだけではなく骨格標本にして教育に活かし、もらった命を余すところなく活用するそうです。

BMXがプロ級な小学校の先生は大会の審判をしたり、ジュニアの育成に携わったりしています。

このように、趣味にとどまらず、複業としてお金をもらって続ける活動は、先に述べたように責任を伴うことです。研鑽の度合いが趣味とは段違いです。

教員をしながら**外界で得たプロフェッショナリズムは、子どもたちへの圧倒的な説得力**になります。子どもたちは「この人の助言なら聞いておこうかな」となるかもしれません。教員も学習者、探究者として、子どもたちと対等な目線を持つことが非常に大切ではないかと思うのです。

実は、私は2年弱ほど吉本新喜劇に所属し、お笑い芸人として活動していたことがあります。発声や笑いのメカニズムの訓練を受け、何より100回以上日本最高の喜劇俳優の皆さんと同じ舞台に立ちました。それは、いま考えると得難い経験だったと思います。

どうやったら笑いが生まれるのか。生徒たちに対して実践し、場の雰囲気づくりを一緒に学びました。そのように、人としてのある一面が評価されると、コミュニケーションがスムーズになり、関係性が構築されます。関係性ができると威圧的な指導をしなくても良くなり、保護者からの信頼も得られるようになりました。結果的に良いサイクルになります。

教師の複業が可能になれば、自身が興味を持っていることを深めていくことができ、それが人としての厚みや説得力という、教員としての魅力の強化につながることは間違いないと思うのです。

校内の連携が高まる

私が以前働いていた学校では、職員全員が同じ方針で学年の経営をし、学年の生徒に責任を持っていました。それは、個人の取組みでは到底できないようなパワーを発揮していました。このチームワークが生まれたのは、生徒指導件数があまりにも多く、職員同士がしっかりと連携を取らなければ家に帰れない状態だったから、という背景がありました。しかし、こういった危機的状況にならなければ、個人プレーの状態だったかもしれません。特に小・中学校の教員は、チームではなくそれぞれの考えで学級経営などにあたる場合が多く、結果的に一人ひとりの教員に高い負荷がかかってしまうのです。

最近会ったある先生は「個人プレーすらできていないのではないか」と言っていました。「目の前の業務に追われて、隣のクラスや学年を気にかける余裕すらない。連携したほうが良いのはわかるけど、それどころではなく、やり方もわからない」と。何とか一人で回しているという状態は孤立を招くことも往々にしてあると思います。どうしようもない状況になって、休職という選択を取らざるを得なくなるかもしれません。

複業は先生方が孤立しやすい状況にも変化を起こす可能性があると考えています。時間が限られているからこそ、協力、連携しなければ成果が上げられないという性質の複業も多いので、働き方を見直すきっかけになるかもしれません。

私は2023年の夏に、オンラインとオフラインの両方を含むいくつものイベントに関わりました。主催者・共催者・ゲストの立場によってコミットする量は変わるものの、そこには協働が必ず発生しました。「この面に関しては自分よりあの人がスペシャリストだから任せよう」とか「いま自分には余裕がない状況だから、そのことを正直に伝えて解決策を探ろう」など、自分や相手の状況を考えてコミュニケーションを取り、連携していくことを身をもって学びました。イベントづくりに限らず、何かをつくり出そうとするとき、複数の人が連携を取ることで、一人では実現できない大きな成果を得ることができるのです。

複業によってそれを実感した教員は、その経験を職員同士の連携や学級・学年経営に活かすことができるキーパーソンになれると思います。

外部との連携が強くなる

外部からの協力者として学校現場には、ICT支援員の方が来ています。彼らはICTの専門家です。ICTに限らず様々な場面での外部との連携は、学校全体で不可欠になってきています。教育ツールの導入のみならず、カリキュラム作成や働き方のマインドセット、キャリア教育やアントレプレナーシップ教育の観点からも、学校外の協力を増やす必要性が増していくでしょう。

これまでの教員像では、教科の専門性や児童生徒理解を組織内で深めていく、「垂直方向に学ぶ人材」が重宝されてきました。学校では教科指導、生活指導の能力が求められ、それらは学校の内部で深めたほうが合理的なのです。そういった背景から、これまでは研修も業務の改善も、内製で行われることがほとんどでした。

しかし、課題が多様化する現代は、垂直方向の学びだけでは足りないと思います。学校も時代の変化に対応していかなければならないからです。その流れは私立学校や通信制高校をはじめ、すでに競争が始まっている状況です。

では、公立学校で外部との連携を強化していくにはどうしたらいいでしょうか。そのヒントも複業にあると私は考えています。複業によって外部と関わる経験をした教員は、学校外の論理と言語に触れることができます。その経験を重ねることで、学校外の個人や団体との連携が上達していくのです。風土や文化の違う外国に行ったことがない人と、何度か渡航している人とでは現地での振舞い方に大きな差があります。学校の中と外の違いもまさにそのイメージと近く、複業はさながら外国への渡航経験に近い。複業によって外界の様子を肌で感じられる機会を増やせば、ヒト・モノ・カネなどのリソースをうまく外界から引き入れることができる先生が増えていくでしょう。

私立学校のある先生は「教員の複業が結果的に生徒たちをも外の世界に関わらせるきっかけとなる」と話していました。その方は外部での勉強会や複業などを通して民間企業の人とつながり、一緒に授業づくりを行ったそうです。また別の例では、地方創生を行っている起業家とつながり、生徒たちが地域課題を考える修学旅行を企画した学校もありました。

これらに共通するのは、教員が外の世界を知り、行動した結果、より良い学校の取り組みに結びついたということです。**教員の複業が当たり前になれば、外部連携**

のハブとなる人材が各校に生まれ、学校はいまよりさらに面白い場所になるのではないでしょうか。

授業が楽しいと思える子どもが増える

複業をするようになってから、私の授業はアウトプット主体に切り替わりました。どんな複業を選択するかにもよりますが、複業は教育の実践に大きな影響を与えます。

例えば、学び合いやアクティブラーニングなどの新しい指導法の書籍を読んだら、自身の授業の中に取り入れたくなりますよね。理科の正規職員の頃は、実験を主体にした授業を行っていましたが、複業を活発にするようになってからは、アウトプットがそこに加わります。例えば、生き物の観察をした際に、絵を描いたり写真を撮ったりして記録するだけではなく、その記録をデジタルコンテンツとしてプレゼンテーション資料をつくるというようなアウトプットの仕方を生徒たちに教えられるようになりました。

また、写真を撮る際には、撮影の角度や焦点の合わせ方を工夫し、「エモい」写真が撮れる方法を教えました。そうすると、子どもたちはより積極的に観察対象に向き合えるようになったのです。撮影の技法に関しては、YouTubeでの活動や、映像制作のプログラムを提供する団体である「Film Education Lab」での経験が活きました。

子どもたちがコンテンツをつくるときは、友達の制作物を見てもいいし、アイディアをもらってもいいことにしました。WEBサイトを参考にしてももちろんOKです。構成に関しては、私がWEBサイトの制作やYouTubeで得た知識を生かして、まずはどんな見出しをつくるのかといったことを簡単に教えた上で自由に制作してもらいました。

完成した後は、お互いの作品を見ながら一緒に振り返ります。そのサイクルを回すことで、子どもたちの制作物は回を追うごとにレベルアップしていきます。それは、ユーチューバーやブロガーが他の発信者の内容を自由に閲覧しながら自分の作品をブラッシュアップさせていく作業のようでした。

初任の頃は、理科教師の矜持として「学術研究っぽさを失ってはいけない」というこだわりをもっていました（この考えは教育大でインプットされたものです）。理科の授業というのは、あくまで学習する内容の学術的な面白さが大切であり、それを記録する際には厳格に定められた方法で絵や写真を記録しなければならない。そういった考えにとらわれていたように思います（もちろん正しい記録の仕方を身につけることも重要です）。

でもこれでは面白くないのです。もちろん研究者になるのであればきちんとした記録や論文は必要ですが、小中学生には、まずは理科という教科を好きになってもらうことが大事。その上で「前よりわかる！」の体験を積み重ねることで、理科嫌いの子を減らすことにつながるのではないかと考えています。

このように**複業は、教員の人生の幅を広げてくれる試みであり**、その幅は**授業の幅に直結**します。「理科は苦手だったけど、先生の授業で前より好きになったしわかるようになった！」と言ってもらえたことは私にとって最高のご褒美でした。複業はもしかすると、そんな機会を先生たちにもたらしてくれるかもしれません。

リアリティのあるキャリア教育が行える

キャリア教育とは「一人一人の社会的・職業的自立に向け、必要な基盤となる能力や態度を育てることを通して、キャリア発達を促す教育」と定義されています（中央教育審議会「今後の学校におけるキャリア教育・職業教育の在り方について（答申）」より引用）。こちらの答申は平成23年のものですが、それから10年以上がたち、人々のキャリアはより多様化しています。不確定で多様化する社会や職業を前に、教育に携わるわれわれはどのように向き合っていけば良いのでしょうか。

その答えの一つが、先にも述べた自己分析です。

自分の指向や強みの再発見につながる複業は、自己分析のきっかけとなります。

私の場合、いくつかの複業を通して、誰も答えを持っていないことを考えながら進めていくことが性に合っているとわかりました。本書のように教員の兼業申請に関することを調べて知識を得ることも好きです。そこでいまの職業を「教育系複業家」（会社員・ＮＰＯ・個人事業）とし、具体的なミッションとして「複業をはじめとする教員の越境を実現すること」としました。つまり、自分の性質や価値観をわかった上で、現在の働き方にたどりついたのです。

中学校で進路指導主任をしていた頃、ある違和感がありました。社会のことや自分の適性について私自身も深く考えたことはないのに、その私が教員として子どもたちに進路指導をすることに居心地の悪さを感じたのです。

教員には、自分のキャリア形成に対するはっきりとした感触を持った上で、子どもたちのキャリア教育に携わってほしい。そして教員自身もワクワクしてほしい。そのためにも、教員の複業の機会を切り開いていく必要があると考えています。

4

社会に与える影響

教員の複業が広がれば、その影響は教員個人や学校内にとどまらず、社会に変化をもたらします。ここからは教員の複業が、社会にもたらす影響や変化について考えます。

育休を社会の当たり前に変えた女性教員たち

皆さんは、教員のライフスタイルの変容が社会の常識を覆した歴史があるということをご存知でしょうか。それは、女性教員の育休（育児休業）です。

日本の育休の歴史は諸説あるようですが、１９６０年代に電電公社（現ＮＴＴ）から始まったと言われています。しかし当初は給与補償に関する規定はなく、その動きが社会に浸透するきっかけになったとは言えないようです。

日本において、給与補償が付与された育休の始まりは、なんと女性教員たちからでした。１９７５年「義務教育諸学校等の女子教育職員及び医療施設、社会福祉施設等の看護婦、保母等の育児休業に関する法律」で、女性公務員の内の教職員、保育士、看護師が対象となり、給与を補填する給付を受けながらの育児休業が開始されました。

その16年後、１９９１年に全職種対象の育児休業制度が始まります。そして、全職種に対して育休中の給与補填が付与されたのは、なんと女性教員の育児休業が開始されてから20年近くも遅れた１９９４年のことでした。

私は１９９５年に小学生になりましたが、いまでも鮮明に覚えていることがあります。当時中学1年生の姉の担任の先生が産休・育休後に復帰したことです。直接の関わりはありませんでしたが、その後も多くの女性教員たちが当たり前に産休・育休を取得して、職場に復帰する姿を見てきました。

そしていま、私は民間企業の社員として働いていますが、産休・育休を取得した後、復帰してくるワーキングマザーが当たり前の状態となっています。私が小学校1年生の頃には民間企業で産声をあげたばかりの法律だったにもかかわらず、です。日本の女性教員たちが、日本社会のワーキングマザーの当たり前を50年かけて塗り替えてくれたのです。

このことに気づいたとき、私はとても勇気づけられました。**教員のライフスタイルが社会を変容させ、その成果がいままさに社会で顕現している**、とうれしくなりました。

平成の時代は「失われた30年」などと揶揄されますが、令和の時代は教員も学校の中にいるだけではない生き方を獲得し、多様に生きる姿を子どもたちに見せたいと思うのです。教員の生き方の変容が子どもたちを介して10年後の社会をつくるのです。

マルチステージ社会に対応する

アメリカのカリフォルニア大学とドイツのマックス・プランク研究所が調査した結果では、日本では２００７年に生まれた子どものうち二人に一人は１０７歳より長く生きると推計されました。同じ指標に照らすと、先進国は軒並み１００歳を超えるだろうという予想です。その中でも日本は世界一の長命国家になることが予想されています。

一方、私は現在35歳ですが、年下の教員仲間に聞くと「定年まで教師を続けているイメージがわかない」と言います。健康寿命が延び、多様な働き方が当たり前になった世の中では、現在のようなハイプレッシャーで難しい業務を数十年続けていくことが現実的ではないというのを肌で感じ取っているのではないでしょうか。

これまでのライフステージは、①教育を受ける→②就労する→③引退して余暇を過ごすという3ステージのモデルでした（『ＬＩＦＥ　ＳＨＩＦＴ――１００年時代の人生戦略』リンダ・グラットン、アンドリュー・スコット著より）。

しかし、健康寿命が延びたことで、こんなに変化の激しい時代を90歳や100歳まで生きることが予想されている私たちにとっては、この3ステージの生き方は再現できない可能性が極めて高いと言われています。

これからは3ステージではない人生が当たり前になる時代が来る可能性が高いと思います。私たちの職業や生き方は、各人の状況や価値観に即した形に変化していくのではないでしょうか。これがマルチステージ社会です。

いま、学校教育を受けている子どもたちは、長命でマルチステージな世界に生きることになり、教員もシフトしていかなければならないはずです。それなのに複業が制限されている状況は、教員の人生設計の観点からも、子どもたちに与える影響の観点からも、不自然なことだと私には思えるのです。

子どもたちに様々な選択肢を提示し、自ら人生を切り開いていく姿を見せる努力をしていくことは、大きな意義があるのではないでしょうか。

何かに夢中になる大人の背中を見せる

「教師としての責務に集中すべきだ」という意見の方もいるでしょう。しかし、そういった意見の人が多数派だった時代は変わろうとしています。

学校の教師は、常に児童生徒を中心にして、寄り添い、伴走する職業なのかもしれません。しかし、できることなら教師自身も自分の人生の主役であってほしいと思うのです。

例えば昆虫好きな保育士さんがいたら、その印象は「昆虫が好きでとても詳しくて、子どもたちにいろいろ教えてくれる保育士さん」に変わります。保護者の多くは、わが子の成長のきっかけになるような大人との出会いを求めています。

初任の頃、「教師は開示的であれ」と言われました。本業の**「教師」という職業以外にも自分の軸を持ち、**それを語れる状態にしておくこと。**何かに夢中になるこ**

ないでしょうか。

と。大好きなことがあること。児童生徒も保護者もそんな教師を待っているのでは

目まぐるしい時代に対応できる次世代をつくる

ここ数年、「ＡＩ」や「人生１００年時代」、「リスキリング」「アントレプレナーシップ」など、これまでとは違った価値観が登場しています。新たな概念が登場するたびに、私はさらに学校に違和感を抱くようになりました。

最初の違和感は２０１６年頃でした。きっかけは、中学１年生の生徒たちが進級するにつれて落ち着いていったことでした。初任の頃に多くの先生に聞いた話によると、中学校の各学年の生活の様子には以下のような傾向があるということでした。

中学１年生は落ち着いている

↓初めての中学校生活で、上級生もいるので緊張している
中学2年生は荒れやすい
↓学校生活に慣れてハジける
中学3年生は再び落ち着く
↓受験に集中したい層を勉強に向かわせられればＯＫ

ところが、初めて受けもった生徒たちは、この通説を吹き飛ばすかのように1年生、2年生、3年生と進級していくうち見違えるように成長していきました。

1年生のときは、いわゆる荒れの状態でした。力による指導は一切通用せず、私たちの学年団はひたすら対話を繰り返すことにしました。中学校の指導では王道とされていた校則や大人の権威で子どもたちを押さえつけるやり方はもう正しいやり方ではないのだろうと感じるできごとでした。

そんなとき、これまで当たり前とされてきた生き方や方法から脱しようとしている人たちの様子がＳＮＳやインターネットで広く伝えられ、これまでどおりのやり

方に固執して変化を受け入れない個人や団体が、様々な業界で苦しんでいることに気づいたのです。

先にも述べたように、学校は次世代をつくる場所です。学校が時代から取り残されているということがあってはいけない。そう思うようになりました。そこで私はまず外に出ることにしたのです。外の世界の知見を取り入れられれば複業でなくても良いかと思っていましたが、「価値を循環させる」ということが活動と学びの幅を広げるということが感覚的にわかるようになりました。

教師が外の世界で活動と学びの幅を広げることには大きな意味があります。リスキリングであり、アントレプレナーシップを醸成する営みです。だからこそ、学校が社会の最前線であるために、教員にこそ、学校の外に飛び出してほしいと思うのです。

第2章

実践編① 教員の複業の制度と現状

２０２４年現在、教員の複業は完全に禁止されているわけではありません。すでに実践している方もいますし、許可申請にそれなりの難しさはあるものの、一部の教育委員会においては兼業規定も存在します。この章では、２０２４年現在の教員の複業に関わる制度と、実際に行われている複業を紹介します。

1

教員の複業に関する法律・制度にはどのようなものがある？

教員の複業に関わる法律や制度は、大きく以下のとおりです。

・地方公務員法
・教育公務員特例法
・各自治体の就業規則など
・総務省のガイドライン

この他、過去の事例や判例なども指針の一つになると思われます。

地方公務員法はどう関わっているか

多くの学校教員は「地方公務員」という身分になるため、地方公務員法の適用を受けます。地方公務員法の複業に関係する項目は以下のとおりです。

①営利企業等の従事制限
②信用失墜行為の禁止
③守秘義務
④職務専念義務

それぞれが、どのように教員の複業に影響を与えるのか確認してみましょう。

①営利企業等の従事制限

営利企業への従事の制限について示された地方公務員法第38条には以下のように示されています。（全文はＱＲコードから確認できます）

（営利企業への従事等の制限）

第三十八条　職員は、任命権者の許可を受けなければ、商業、工業又は金融業その他営利を目的とする私企業を営むことを目的とする会社その他の団体の役員その他人事委員会規則で定める地位を兼ね、若しくは自ら営利企業を営み、又は報酬を得ていかなる事業若しくは事務にも従事してはならない。

二　人事委員会は、人事委員会規則により前項の場合における任命権者の許可の基準を定めることができる。

「事業又は事務に従事すること」とは、業務に継続的、定期的に従事する場合を言います。つまり地方公務員は、任命権者の許可がなければ、報酬を得て行う継続的な仕事を兼ねることができません。

また、自ら興すもの、法人などから依頼されるもの、これら全てを含めた報酬を受け取る行為に許可が必要だとされていますので、基本的に全ての複業は許可を得る必要性があるのです。（ただし、実費交通費などは報酬にはあたりません。また、総務省の資料によると単発の講演や原稿執筆などは本来許可を必要としないとされています)。

また、2項では、地方自治体ごとに兼業を許可する際の基準を定めることができるとされています。2019年時点では許可基準を設けている自治体は全国のうち約4割(1788団体中703団体)、さらに内外に発信している自治体はそのうち約半数程度(353団体)にとどまります(表参照)。

地方公務員の兼業のしやすさを示すために基準を公表している自治体の数を紹介しましたが、実はこの数字は教員にどこまで影響を与えているかが不透明です。総務省が公表している数字はあくまで地方自治体の兼業許可基準であって、この基準は主に行政職員に適用されるものです。教員の兼業申請の申請先は主に所属する教育委員会であり、承認されるルートも行政職員とは異なります。教育委員会は自治体の中の組織ではあるものの、ある程度の独立性が保たれていますので、許可基準が自治体と共通になっていることは考えにくいです。後述しますが、教育委員会の

	許可基準の設定有無		許可基準の設定主体※2	
	有	無	人事委員会	任命権者
都道府県	40	7	34	8
指定都市	17	3	12	6
市区町村	646	1,075	2	642
合計	703	1,085	48	656

※2 人事委員会と任命権者の両方で許可基準を設定している団体も一部存在

	許可基準の周知状況			許可の有効期間※3		
	対内外	庁内のみ	人事当局のみ	1年以下	2年以下	2年超
都道府県	27	11	2	8	1	31
指定都市	13	3	1	2	0	15
市区町村	313	251	82	152	40	451
合計	353	265	85	162	41	497

※3 国家公務員の兼業許可の有効期間は原則として2年間

引用：第32次地方制度調査会第26回専門小委員会【資料2】地方公務員の社会貢献活動に関する兼業について）

中に兼業に関する基準を明確にしている自治体もあります。

②信用失墜行為の禁止

地方公務員法第33条には以下のように示されています。

> （信用失墜行為の禁止）
> 職員は、その職の信用を傷つけ、又は職員の職全体の不名誉となるような行為をしてはならない。

公務員は、職務中も職務中以外で

も、その職を貶めるような行為をしてはならないとされています。具体的にどのような行為が信用失墜行為に該当するのかについての一般的な基準はなく、社会通念に基づき個々の事例に応じて判断することになります（『新学校管理読本』、『逐条地方公務員法』）。

これまでの処分事例を見ると、基本的には法や条例に違反した職員に適用されることが多く、兼業＝信用失墜行為になるわけではないようです。例えば一般的に「夜の仕事」とされる兼業で処分された場合においても、その根拠に信用失墜行為が公式に提示されることはありません。これは、特定の業種を信用失墜行為として認定してしまうと、職業の貴賤を行政が判断したと捉えられるからではないかと考えられます。兼業許可の下りやすいものとそうでないものはあると考えられますが、違法行為でない場合の不許可の根拠は「営利企業への従事制限」になる場合が多いようです。

③守秘義務

地方公務員法第34条には以下のように示されています。

（秘密を守る義務）
職員は、職務上知り得た秘密を漏らしてはならない。その職を退いた後も、また、同様とする。

この法律が直接的に複業禁止に結びつくことはありませんが、例えば教員の場合、学校の生徒や保護者の個人情報のリストにアクセスすることができます。このリストを複業で使えば、当然これは違法行為であり、守秘義務に抵触する、ということです。

④教育公務員特例法

公立学校の教員は「教育公務員特例法」の適用を受けます。

兼業に関して教育公務員特例法第17条を要約すると次のとおりになります（全文はQRコードから確認できます）。

・公立学校教員は、教育に関する兼業については許可を受けて従事できる
・非常勤講師は除外
・行政職員向けの兼業許可基準が適用されるわけではない

わざわざ教員の兼業についてだけスポットが当てられて、しかも、「許可を受けて従事できる」という表現になっているのはなぜなのでしょうか。

この背景として、教育公務員特例法が、地方公務員法より先に制定されたことがあげられます。

昭和24年に公布された最初の教育公務員特例法では、強く兼職が制限され、行えるとしても「教育に関する兼職」に限定されていました。

ところが翌年の昭和25年に地方公務員法が制定されます。地方公務員法でも兼職は制限されているものの、兼職の種類までは書かれていませんでした。同じ地方公

務員にもかかわらず、教員だけが不利益を被る状態になったのです。

そこで、昭和26年に教育公務員特例法が改定され、現在のような条文の原型ができました。教育公務員特例法の改正について論じられた昭和26年3月23日の第10回国会参議院文部委員会では、議員から「特例法改正法案には制限法的な匂いがする。教育公務員特例法制定の精神をもとに、兼職の制限について具体的な対策を」という趣旨の発言があったそうです。「教育公務員特例法制定の精神」とは、子どもに真理・真実を教えることによって不当に教師が解雇された戦前の学校教育の反省をふまえ、教育の専門性にもとづく教員の身分保障制度をつくろうとするものでした。子どもに真実を教えることがこの法の目的であるなら、複業の制限をする条文は除いてやるべきではないでしょうか。

2 各自治体の条例・就業規則ではどうなっている？

兼業の許可基準を内外に発信している自治体は全ての市区町村のうち2割にとど

まります。さらに、教育公務員特例法で示されているとおり、行政職員向けの兼業許可基準が教員にも適用されるとは限りません。

教育委員会によって許可基準を設けていたり、独自にその都度判断している場合があったりと、教員の兼業許可の基準についてはかなり不透明な印象があります。

一方で、教員の兼業について規則を定めている教育委員会もあります。許可に関わる部分を三つ紹介し、許可基準の傾向について紹介します。

鹿児島市

鹿児島市立学校管理規則

（兼職兼業）※抜粋

第74条　学校職員が、営利企業等に従事するため、又は教育に関する他の職務に従事するため、教育長の許可を受けようとするときは、それぞれ、営利企業等の従事許可申請書、又は教育に関する兼職許可申請書を校長を経て教育委員会に提出しなければならない。

2　校長は、本務の遂行に支障がないと認めるときは、兼職副申書に前項の申請書を添えて教育委員会に進達しなければならない。

鹿児島市の他、同じ鹿児島県の阿久根市や霧島市にも同様の兼業に関する規則があります。

大阪市

大阪市立学校教職員の兼業等に関する事務取扱規程

・兼業の定義
・兼業の許可申請
・兼業の許可権者

・兼業を許可しない場合
・許可の取り消し
・職務に専念する義務の免除との関係
・施行の細目

大阪市では兼業に関する規程が独立して存在します。項目が細かく詳細に分かれています。右に示したものはその大枠です。詳細な規程はぜひ大阪市のＨＰを確認してください。

東京都

東京都は他の自治体と比較しても、教員の兼業についてかなり細かく明文化しています。また、次のように、兼業についての大まかなルールと、そのルールを運用していく上での詳細なガイドラインがあります。

・「学校職員の兼業等及び教育公務員の教育に関する兼職等に関する事務取扱規

程」…兼業に関する事務の取り扱い規定を定めたもの。大まかなルールブック。

・「学校職員の兼業等及び教育公務員の教育に関する兼職等に関する事務取扱規程の運用上の留意事項等について」…基本的な考え方や兼業に関する言葉の定義、兼業に関する許可の基準などを詳細に示したガイドラインのようなもの。

全文を読んでいただくとわかると思いますが、どちらかというと制限の意味合いが強い印象を受けます。特に自営に関しては、「事業が相続、遺贈等により家業を継承したものであること」という基準を満たしていないと許可されません。

《参考サイト》学校職員の兼業等及び教育公務員の教育に関する兼職等に関する事務取扱規程

3 総務省資料が示している基準

ここで、総務省が出している大変参考になる資料があるので、紹介します。総務省の「営利企業への従事等に係る任命権者の許可等に関する調査（勤務条件等に関する附帯調査）の結果等について」（令和2年1月10日総行公第1号）別添2という資料です。以下「総務省資料」と表記します。

公立学校教員も地方公務員法が適用される立場にありますので、総務省から公表された総務省資料はガイドラインとして一定の基準を示していると考えられます。この資料では、許可基準を明確にして兼業を促進している自治体の事例や、兼業許可を要しない行為であることが明確な事例などが紹介されています。

兼業、複業を考えている先生方の中には、もしかすると「他自治体の前例」や「許可を必要としない兼業」で十分に目的を達成できる場合もあるかもしれません。内容を見ていきましょう。

総務省資料が示している許可基準

地方公務員法では兼業に関する具体的な許可基準は明記されていません。一方で、総務省資料は、地方公務員法をもとに具体化された兼業に関する許可の基準を以下のようにあげています。

①公務の遂行に支障が生じないこと：週休日、年次有給休暇等を活用すること
②職務の公正を確保できること：兼業先が非営利団体であること
③職務の品位を損ねるおそれがないこと：報酬が社会通念上相当であること

①は職務専念義務をもとにしていますが、注目すべきは**年次有給休暇中の兼業が認められている**ことです。年次有給休暇は非勤務日ですので問題ありません。

②は信用失墜行為に関連する基準だと考えられます。総務省資料で紹介されている事例は全て非営利団体ですが、非営利団体以外の兼職ができないということではありません。営利団体への従事に関しては公務員としての公平性が損なわれないかを毎回判断されることになります。

③については報酬が多すぎてはいけないというものです。実際にそのことが原因となり不許可になった例もあります。

報酬の額について、私は現行の基準については疑問を持っています。基準が曖昧

すぎますし、出版など売れるほど報酬が入るケースもあるからです。この文言が公式に存在するということは、国が「報酬を多く受け取ることは品のないことである」と明言しているような気がするのですが、皆さんはどう思われますか。

許可基準に基づいた複業の事例

ともあれ、総務省資料では先にあげた三つの許可基準に基づき、具体的に公務員の複業として許可が下りた例も紹介されています。

【総務省資料で公開されている「許可基準に基づき具体的判断を示した事例」】

・商業活性化支援
・障がい者支援
・児童養護施設への支援
・無料学習塾の講師

紹介されている事例はＮＰＯ法人や任意団体など、いずれも非営利団体における活動です。これらの事例の報酬額は一回あたり数千円~1万円程度で、実際のところ多くの報酬を受け取っていないものです。

社会貢献のための複業を促進している事例

兵庫県神戸市では「地域貢献応援制度」という制度があり、兼業の許可基準を明確にして、社会貢献や地域活動に関する兼業を積極的に促進しています。任命権者が許可基準を内外に公表することによって、公平性や透明性が一定程度担保できます。

導入の背景として、神戸市では、NPOや地域団体における高齢化が進み、担い手不足が問題となっていたようです。そこで、行政職員が業務で得たノウハウを活かして、地域の課題解決について市民の立場で関わっていくことを支援する目的がありました。

しかし、総務省の資料によると、制度が導入された2017年4月からの2年間で、制度が利用された回数は9例にとどまっています。社会課題に関する兼業以外については制度を利用しにくいこと、そもそも行政職員が多忙で複業する時間がないこと等があげられそうです。

《参考サイト》

公務員が報酬を得て行う地域貢献の支援制度とその課題

許可を必要としない事業運営の例

最後に同資料で紹介されている「許可を要しない兼業」について紹介します。

地方公務員法では「営利を目的とする私企業を自ら営み報酬を受けてはならない」とされていました。しかし、裏を返せば「営利を目的とせず報酬も受け取らない」という状態であれば、事業を営むことはできるということです。

無償で運営するボランティア団体はもちろんですが、営利を目的としていなければ、法人を運営することもできるのです（法人とは法で認められた人格のことで、株式会社や合同会社、一般社団法人や学校法人など、様々な種類のものがあります）。

「営利を目的とした法人＝営利法人」というのは、株式会社など、構成員や株主に利益を分配することを目的とした法人です。事業で得た利益は事業への再投資だけではなく株主や従業員に分配されます。

一方で、「営利を目的としない法人＝非営利法人」には一般社団法人やＮＰＯ法人などがあり、これらは利益の分配を目的としていません。事業で得た利益は社会貢献活動のために使われます。地方公務員法の「営利を目的とした私企業」には該当しないため、公務員であっても立ち上げることが法律上は可能だということです。ＮＰＯ法人などの役員で報酬を受けなければ、許可は不要です。

※ただし実際には、安全策として念のために許可申請をする場合が多いようです。

非営利法人であっても職員や役員に報酬が出ることはあります。例えば、学校法人も非営利法人に当たりますが、当然そこで働く教職員に賃金を支払います。報酬を受けて事業に従事する場合は、他の活動同様に許可が必要です。

4 兼業許可申請の流れはこれだ！

兼業許可申請の方法や許可の基準は自治体によって少しずつ異なります。ここでは、どこの自治体でも共通している部分を紹介し、皆さんが申請する際の一助になればと思います。

兼業許可申請の流れ

次の①～⑦が一般的な兼業許可申請の流れです。

【兼業許可申請の流れ】

①校長に兼業の相談をする
②兼業申請の様式に兼業の情報を記入する
③兼業の根拠が記載された書類と兼業申請の様式を校長に提出する

④校長から所管の教育委員会に提出される
⑤教育委員会内での稟議があり、許可・不許可が決定する
⑥校長経由で許可の可否が本人に伝えられる
⑦許可が下り、申請内容の範囲内で兼業を行うことができる

それぞれのポイントについて解説します。

①校長に兼業の相談をする

私の知る限り、兼業の申請は校長経由になります。法律では「任命権者が許可をする」ことになっているものの、「教育委員会に何らかの連絡を取る場合には必ず管理職を通す」というルールはどこの学校でもあると思うので、兼業についてもこれに準じるのが良いと思います。

その後、教育委員会で「教職員課」やそれに類するところに許可申請が校長より提出されることになります。兼業申請を円滑に通すためには「職場での良好な関係

づくりと普段の仕事での信頼貯金」が大切です。

②兼業申請の様式に兼業の情報を記入する

校長に相談した後は所属する自治体の様式に、従事する兼業の情報を記入します。自治体によって様式は多少異なりますが、多くの場合は次のような項目です。

・自身の所属、職名、氏名
・兼業先の団体名
・兼業先団体の事業内容
・従事する職名
・従事する業務の内容
・従事する場所
・兼業の期間
・週当たりに従事する時間
・報酬額

・申請目的

私が学校の正規教員として働きながら、この本の出版を行ったと仮定すると、次のような記載内容になります（いまは教職から離れていますので、一例です）。

自治体によって様式の項目や枚数の違いはあるものの、およそ次頁の例のような内容になります。この他に「校長の所感」を記入する欄がある自治体もあるそうです。普段の勤務の様子や本人の労働時間を加味した上で、兼業を許可しても問題が起こらないかということが記入されるものと思われます。

〈参考資料〉東京都　職員の兼業許可等に関する事務取扱規程より第1号様式（第3条、第6条関係）

③兼業の根拠が記載された書類と兼業申請の様式を校長に提出する

申請書の準備ができたら、兼業の根拠が記載された書類とともに申請書を校長に

＜兼業申請書の内容例＞

・自身の所属、職名、氏名
○○市立○○中学校　教諭　前田　央昭
・兼業先の団体名
学事出版株式会社
・兼業先団体の事業内容
教育関連図書・教材の出版（一般に企業ＨＰの会社概要に載っています）
・従事する職名
著述業
・従事する業務の内容
「複業の教科書（仮）」の執筆。教育公務員向けの複業や越境による自己研鑽、研修、業務改善についてまとめた本の制作に携わる。
・従事する場所
自宅
・兼業の期間
2023年４月～2024年７月
・週当たりに従事する時間
平日１日あたり30分～40分程度
休日１日あたり１時間程度
合計週当たり４時間～５時間程度
・報酬額
販売数に比例した印税報酬
・申請目的
週休日や勤務時間外に、教育に関する書籍の執筆の許可を申請します。

第1号様式（第3条、第6条関係）

兼業｛許可申請／実績報告｝書

1 兼業者			
所属		従事職務内容	
職名			
氏名			

2 兼業先団体	
団体名（根拠法令）	
団体の主な事業内容	
役職名	
従事業務内容	
業務従事地	都道府県　区市町村
兼業予定期間	年　月　日から　年　月　日まで 新規・更新（更新の場合は前回許可番号　）
必要とする回数・時間（給与減額対象）	週・月・年・計　回・　時間、勤務時間（内・外） 1回　時間、往復　時間（　：　～　：　） 給与減額対象時間　時間　分
報酬額	1時間・1回　円（報酬　円、（　）　円）
申請理由（本務との関係）	
その他の兼業	

上記のとおり兼業したいので申請します。

殿

年　月　日

氏名

月　日から　月　日までの期間について、上記のとおり兼業したことを報告します。

殿

年　月　日

氏名

（日本産業規格Ａ列４番）

提出します。

「兼業の根拠が記載された書類」というのは、許可を得ようとしている兼業の内容について明記された証拠書類のことです。例えば、書籍の出版の場合、出版社から何らかの依頼書を発行してもらえる場合が多いです。著者宛に発行される「執筆依頼書」を本人が兼業申請の様式に添付する場合もあれば、所属先宛に「兼業依頼書」を発行している出版社もあります。

どの証拠書類にしても、信頼のおける団体から依頼された兼業であること、その内容や報酬額・従事する時間などについての根拠になり得ることが重要です。

余談ですが、私は会社員ではあるものの、税務署に開業届を提出して開業している自営業者です。その個人事業の屋号から、現役の先生に仕事を依頼し、その方に勤め先に対して兼業申請を出していただいたことがありました。しかし、許可が下りたのは、3件のうち1件のみでした。詳しくは後述しますが、依頼元の証拠書類の内容次第で許可の可否が左右される側面も少なからずあるようです。

④校長から所管の教育委員会に提出される

校長に申し出て必要書類が揃うと、いよいよ校長から教育委員会へ兼業申請の書類が提出されます（校長によっては兼業申請の手続きを経験したことがない人もいます。「管理職なのだから詳しいはず」という先入観は持たないで進めることが大切です）。その後も、教育委員会から記載内容に関する確認や追加書類の提出などを求められる場合もあります。丁寧かつ柔軟に対応しましょう。

私の経験では、許可の下りやすさに関係するポイントは次のとおりです。

・教育に関連している活動であること
・公益性が高いこと
・報酬が目立って多くないこと
・職務の時間外に適度な従事時間になっていること

これらの条件が揃っているほど、手続きは円滑に進むと思います。

⑤教育委員会内での稟議があり、許可・不許可が決定する

各校の校長より提出された兼業申請は、教育委員会内の各担当者によって承認され、最終的な許可が下りる流れとなります。

許可通知は教育長名義で出されますが、この決裁ルートの承認者は2～4名である自治体が多く、一人目の承認者がOKを出したものの、三人目でダメになったなどのパターンも存在し、判断基準が不透明になりやすい部分でもあります。

規定や許可の判断のためのガイドラインが教育委員会の内外に公表されていれば、この不透明さが解消される可能性はあります。しかし、具体的な判断の基準を明確に公表している教育委員会は少ないのが現状です。兼業を希望する教職員の数が少なく、一部の人しか活用しない制度であることが原因かもしれません。

また、教育委員会の方々は非常に多忙です。許可した兼業で何か問題が起これば バッシングを受け、本来の教育活動を進めにくくなる。となると、見慣れない兼業にはなるべく許可を出さない……という判断になりやすいのかもしれません。

⑥校長経由で許可の可否が本人に伝えられる

さて、教育委員会で許可の可否が決定すると、校長経由で結果が通達されます。私の周辺では、許可が下りた場合には書面で通知される場合が多く、不許可の場合は「今回は控えるように」と口頭で伝えられることも多いようです。

高校教員をされている漫画家のパパ頭（ぱぱあたま）さんの事例では、兼業申請に対して口頭で不許可の通達が成されました。しかし、パパ頭さんの所属する自治体では、不許可の場合は書面で通知されることが兼業に関する留意事項として明文化されています。このパパ頭さんの事例と、他の自治体で起こっている口頭での不許可の知らせを併せて考えると、判断が難しい兼業については忖度するよう促されているのではないかと思えてなりません。

以下は、東京都の許可・不許可の様式です。このように自治体によっては可否の通知が書面で知らされる場合もあります。

別記様式4

第　　　号

年　　月　　日

学校長　殿

東京都教育委員会教育長

兼業の許可
兼職の承認　について

年　　月　　日付け申請のあったこのことについて、下記のとおり取り扱うこととしたので通知します。

記

1　申請職員

所属

職・氏名

2　申請に対する取扱い

許可（承認）する。

3　兼業（兼職）期間

年　　月　　日から　　　　年　　月　　日まで

4　兼業（兼職）事項

5　その他

職免対象となる時間のうち、報酬を得て兼業先の業務に従事する時間帯については、給与を減額する。

別記様式5

第　　　号

年　　月　　日

殿

職　名

氏　名　　　　　　印

兼業の不許可
兼業許可の取消し　等について

年　　月　　日付け申請(許可等)のあったこのことについて、下記のとおり取り扱うこととしたので通知します。

記

1　申請職員

所属

職・氏名

2　申請に対する取扱い

ア　許可(承認)しない。

イ　許可(承認)を取り消す。

3　理由

⑦許可が下り、申請内容の範囲内で兼業を行うことができる

校長を介して兼業許可が伝えられれば、晴れて複業を開始することができます。当然のことですが、届け出た内容のとおりに事業に従事する必要があり、変更があった場合には都度申し出ることが必要です。

以前、私のもとに「兼業の許可を受けていたのに許可しないと通知を受けた」という相談が来ました。教育委員会側から見たときに、届け出ていた内容と異なる業務に従事しているように映ったことが原因のようでした。

自治体によっては年次で更新を求められる場合もあります。これについては、あらかじめ所属先の規定を確認しておきましょう。

5 どんな活動であれば許可が下りやすいのか？

では実際のところ、どのような活動であれば兼業の許可は下りるのでしょうか。

結論から述べると「教員が伝統的に従事している兼業は許可が通りやすい」「イ

ンターネットが絡んだり、新しい時代のものになればなるほど許可は下りにくい」
ということになります。

【許可されやすい兼業の例】

・教育書・教育関連誌などでの執筆
・大学や他自治体などでの教育に関する講演
・教科書・教材の作成
・家業の神社仏閣や、家業の農家
・NPO や一般社団法人等の活動
・消防団の活動
・スポーツのプロ審判

【許可されにくい兼業の例】

・営利法人・営利目的の個人事業の起業
・ブログ・Youtube 等の発信に対する広告収益
・SNS 等のコンサル・コーチング業
・WEB での商品紹介案件
・ハンドメイド作品の WEB 販売
・教育関係の企業以外からの WEB 案件
・直接課金してもらうタイプの WEB 発信

「教員が伝統的に従事してきた兼業」（以下「伝統的な兼業」）は、教育に関わるもの、家業に関わるもの、社会貢献活動に関するもの、の大きく三つに分けられます（中には単発の謝金など、許可申請が不要とされている兼業も含めてあげていますが、これは実際のところは許可申請をしていることが多いからです）。

「許可されにくい新しい時代の兼業」（以下「新時代の兼業」）は、インターネットが広まってから登場したものが多いです。

伝統的な兼業は、外部から依頼されたもの、あるいは本人の意思とは関係なく継承するものです。一方で、新時代の兼業は自分が起点となって始めるものや、インターネットが関わることが多いという特徴があります。

インターネットに対するアレルギー反応

私が運営するWEBサイトに、ある現役教員に記事を寄稿してもらおうと試みたことがあります。記事の内容は主に特別支援学級に関連する情報。入学・入級に関するお悩み解決のコンテンツを保護者向けに提供することを想定していました。

私は依頼書を作成し、その方には兼業申請書を職場に提出してもらいました。しかし、結果は不許可。理由は「ＷＥＢサイトは不特定多数の人が閲覧するため、センシティブな内容である特別支援学級に関する記事を掲載することは許可できない」というものでした。特別支援という内容が問題だったのか、インターネット上に公開される形式だったことが問題だったのか、あるいは依頼元の信頼性に疑問を抱かれたか、真の原因はわかりません。ただ、兼業許可が下りなかった理由の一つがインターネット上での活動であることは確かでした。

同様に、別の件でも、オンラインセミナーの申請が不許可になった経験があります。ここからわかることは、インターネットを介した兼業が許可されにくい傾向があるということです。

6 複業をもつ現役の教員たち

ここまで、法律や制度、兼業許可申請の手続きとその実情について見ると、日本の教員の複業は簡単にはいかないことがわかります。しかし、この難しい状況の中でも、自分の人生のミッションや教育への熱意からパラレルワークを実現している人たちを紹介します。

正規教員×複業

★教育書の出版や研修会・サロンの運営　江澤隆輔さん

現役の公立中学校英語教諭の江澤隆輔さんは私が最初に出会った複業をする教師の大先輩です。

江澤さんはこれらの複業について非営利、無報酬のものを除き、全て兼業許可を受けた上で活動されています。特にサロンは会員数が千人を越える非常に大規模なコミュニティに成長し、日本全国の英語教員の知見が並列につながるという、ポテンシャルを秘めた場になっています。先生自身が様々な活動とインプット、アウトプットを繰り返す中で、教育活動も常にアップデートされ、ハイレベルな状態を更新し続けています。

多岐にわたる活動が認められ、２０２３年には「地方公務員アワード」を受賞されました。発信活動のきっかけは、日々更新していたブログだったそうです。江澤さんの地道なアウトプットの継続が、複業や人との出会いにつながり、いまでは日本の英語教育を動かす位置にまでたどりついたのだと感じます。

【江澤隆輔さんの複業】

- 教育書の執筆
- 研修会などをはじめとする講演活動
- 「英語教員がちサロン」の運営
- 教育関連誌での連載
- Voicy などの WEB メディアでの発信
- その他、家業を継承されたことによる兼業

★漫画の執筆や出版・講演活動　パパ頭さん

東京都の公立高校で倫理の教諭として勤務しているパパ頭さんは、SNSで育児漫画を投稿しています。漫画を投稿するX（旧 Twitter）アカウントのフォロワー数は10万人を越え、2023年にはコミックエッセイ『パパが育休とってみたら妻子への愛が深まった話』（KADOKAWA）が出版されました。

私はパパ頭さんの漫画のファンです。パパ頭先生はお子さんの誕生以降、育児の

【パパ頭さんの複業】

- 漫画書籍化
- 公共性の高いサービスの PR
- WEB メディアへの寄稿
- 講演
- WEB メディアでの漫画連載
- YouTube での番組出演

喜びや悩みを日々、漫画として描いていました。ゲーム漫画を掲載するためのアカウントに育児漫画をアップし始めたところ、反響があり、編集者の目にもとまるようになったのです。

そして、編集者の方のお声がけで漫画の出版の企画を進めましたが、パパ頭さんが提出した兼業許可申請は許可を得られませんでした。

教員の兼業の在り方の是非を問うため、パパ頭さんは東京都を提訴しました。そのことは様々なメディアで紹介され、ご本人と支援者の努力によって、最終的に兼業許可を得ることができました（その際の経験は漫画やブログに掲載されていますのでぜひご確認ください。

↓パパ頭の日々のつぶやき「兼業訴訟 ここまでのまとめ」

漫画の出版以降、パパ頭さんには様々な企業・団体からの依頼が届いているそうです。パパ頭さんは「副業の経験を個人の自己実現にとどめず、教育活動という形で学校に還元させることができる点が、教員が副業をすることの意義の一つだ」という考えのもと、一つひとつの依頼と学校での教育活動とに向き合っています。

★村誌《そんし》の編纂を行う歴史教諭　坂本弘毅さん

東京都の高校教諭である坂本弘毅さんは、歴史を教えながら2019年度から山梨県北都留郡小菅村の村誌編纂委員として兼業をしています。坂本さんは大学院で日本史学を専攻し修士号を取得。現在進行形で歴史を探究しながら、教科指導にその専門性を生かす姿は説得力があります。

【坂本弘毅さんの複業】

・石造物の調査
・古文書の整理
・村誌の執筆
・古文書の翻刻

坂本さんは編纂委員の一人として上記の業務にあたっています。主に村にある資料を調査し、目録を作成したり、村誌に掲載する文章の執筆を担当したりしています。縄文時代の章を執筆した『小菅村誌』は２０２２年３月に刊行されました。その後、古文書を活字化（翻刻）する作業を進め、それを収めた資料編が２０２４年３月に完成しました。

村誌の作成協力依頼を受け、管理職の先生に相談したところ、快諾を得られたそうです。勤務は月１回程度で、もちろん学校の業務時間外の時間を活用して従事しています。

学生時代に学んだ専門分野で兼業する。そのことから実地体験を積み、授業では小菅村の石造物を江戸時代の学習に絡めて紹介するなど、本業である教育活動と兼業の相乗効果を体現されています。

非常勤講師 × 複業

★非常勤講師×ＳＮＳコンサルティング業　わたなべゆきこさん

【ゆきこ先生の複業】

・公立小学校非常勤講師（育児短時間勤務の先生の後補充）
・SNS コンサルティング業
・私立小学校の SNS 運用業務
・教育関連書籍の出版
・アドバイザー業
・広告収益
・教育関連イベントの開催
・講演業など

小学校教員のわたなべゆきこさん（通称・ゆきこ先生）は、小学校教諭として働きながらＳＮＳでの発信活動を続けてきました。Instagramのフォロワー数は２０２３年12月時点で約７万人。２０２３年４月からは非常勤講師と個人事業主に働き方をシフトし、パラレルワーカーとして活動しています。

ゆきこ先生は小学校の正規教員として勤務していた頃から発信活動を続け、正規教員時代に数万人のフォロワーを獲得しました。兼業許可を得て、講演や執筆など様々な活動を行っていましたが、さらに活動の幅を広げるために非常勤講師に転身しました。そして小学校での勤務を続け、教員に寄り添った発信を続けるとともに個人事業を幅広く展開しています。

現在は、ＳＮＳのコンサルティングの仕事や私立学校のＳＮＳ運用の代行業も担っています。私立学校のＳＮＳ運用業では、「二児の母の視点」「小学校教員経験」「ＳＮＳの運用実績」の全てが活かされています。

非常勤講師と最新の働き方について、気になるのは収入面です。今回、本書の執筆にあたって「多様な働き方に関心のある先生方の参考になるなら」と特別に、ある月の収入を共有してくださいました。

【ゆきこ先生の2023年ある月の収入内訳】

・公立小学校非常勤講師……10万円
・私立小学校運用 SNS 代行業……10万円
・SNS コンサルティング業（事業者向け）……20万円
・アドバイザー業……10万円
・講師料・執筆料…… 5 万円

合計55万円

上記に加え、書籍の印税や不定期の依頼などがあり、年収ベースでみると小学校教員時代をやや上回るようです。非常勤講師として学校と関わりながら、時間と場所の制約を最小限にして複数の収入の柱を持つゆきこ先生は、教員の新たな働き方を体現しながら、いまもアップデートを続けています。

【かわひーさんの複業】

- 通信制高校　数学科非常勤講師
- 著述業
- 100円たこ焼き屋さんの経営
- 100円たこ焼きコミュニティ運営
- ダイエットコンサル
- 個人コンサル業の運営補佐

★非常勤講師×100円たこ焼き　かわひーさん

かわひーさんは大学の事務職員からキャリアをスタートさせました。公立中学校の数学教員に転職、通信制高校の数学教員を経て、いまは午前中に非常勤講師として働き、午後はたこ焼き屋さんを経営しているため「たこ焼き先生」と呼ばれています。このような働き方をしている先生は、おそらく日本にかわひーさんしかいないと思われます。たこ焼き屋さんの経営方法も非常に興味深い方法です。

「100円たこ焼き」は文字どおり100円で食べられるたこ焼きです。ただ、高校生以下の子どもはお店に置いてあるチケットを使えば無料でたこ焼きを食べることができます（チケットの利用は1日1回まで）。このチケットの代金はオンラインメディアプラットフォームnoteのサブスク機能で、100円たこ焼き公式サポーターになってくれた人たちが支払っています。お店は子どもたちが集まり、たこ焼きを食べながら宿題をしたり遊んだりと居場所の役割を担っています。

子どもたちが集まることのできる場所を慈善事業的に運営しているようにも見えますが、かわひーさんは「自分がやりたいからやっている」のだそうです。１００円たこ焼き公式サポーターには月に１００円から参画できます。ぜひかわひーさんのnoteをご覧ください。

★非常勤講師×教育クリエイター　せりっちさん

せりっちさんは京都の公立高校の英語教員としてキャリアをスタートさせました。その後、私立高校の専任教諭として、英語科、ＩＣＴ活用、アントレプレナーシップ教育、探究学習の実践を重ね、現在は複数校での講師に加え、多岐にわたる個人事業を展開。講師業と複

【せりっちさんの複業】

- ５つの高校で英語科、探究、アントレプレナーシップの授業（2023年度）
- 教員研修、講演業
- 企業研修
- 執筆活動、記事監修
- 教育に関するプロボノ業

業を掛け合わせ、「教育クリエイター業」という独自のジャンルで活動しています。講師業もただスポットで教科の授業を行うのではなく、これまでの実践で培った探究やアントレプレナーシップ教育のノウハウを生かす授業実践を、講師の立場で行うことで、複数の学校で自身の実践の価値を提供しています。

常に現場感覚を更新しながら、学校の外では教育系の記事の監修や企業への研修を行ったり、教材開発などの収益事業を運営したりすることで、自らもアントレプレナー（起業家）として活動しています。

収入は専任教員時代と同等か、やや上回る状態だそうです。自身の探究心とキャリア・生活の持続性を大切にしながら、実践知を教育の現場に持ち帰ることができるせりっちさんのスタイルは、多感な時期の生徒さんたちに多くの刺激をもたらす新しい教員の在り方なのかもしれません。

プロスポーツに関する教員の複業

スポーツに関わる複業もあります。教員とプロスポーツに関する複業は親和性が高いようです。プロサッカーの審判、サッカー下部リーグの選手、陸上選手、プロボクサーなどとして活躍している教員は案外多いです。

★プロボクサーの複業　杉山雄太さん

２０２２年度までプロボクサーとしても活動していた千葉県の小学校教員である杉山さんは、高校時代からボクシング部で活動し、社会人になってから再び練習を再開。アマチュアとして大会に参加していたものの、全国大会の地方開催などの事情で、本業と両立しながら大会に参加する難しさを感じていました。

一方で学生時代からの憧れや、子どもたちに姿勢を見せたいという想いから、プロテストを受験し、見事合格。プロとして活動するために兼業許可を受け、職場の理解のもと、継続的な練習と長期休業期間を活用して試合に出場しています。

最も難しいのは、練習と教員業を両立させることだそうです。

・プロとして活動するため毎日練習する
・職場の理解を得るためには仕事で認められる必要がある

これら二つの条件を満たすことが前提。さらに試合でけがを負っても、それを理由に教員の業務をおろそかにはできません。プロ選手としての活動を言い訳にせず、むしろ教員としての仕事の質を高めていくという覚悟が必要になるのです。

複業をしていて良かったことの一つは、キャリアに対する見方について説得力を持てることだそう。必死に取り組む姿を生徒に見せることによって、進路やキャリア観の醸成に良い影響を与えられていると感じています。

また所属ジムとの協働で授業を企画するなど、地域に開かれた学校の取組みにもつながっています。

複業に近い効果が得られる活動

ここまで、様々な複業に取り組む先生を紹介してきました。「紹介された先生方ほどのリスクは負えない」と思う人もいるかもしれません。そういう人には複業に近い効果が得られる活動がおすすめです。

家を買う、ＳＮＳを伸ばす、大学院に進学してみる等があげられます。実際にこれらの活動を行い、学校とは別の文脈の体験をしている先生はたくさんいます。

次の章では、複業に近い効果が得られる活動を含め、いま、複業をしてみたいと考える教員は何を始めるべきかについて考えてみます。

COLUMN 01

海外の教員は複業をしているのか？

教員の複業について私が研究を進める中でふと沸き起こった疑問です。結論、欧米系の国では教員の複業は認められている場合が多いことが見えてきました。

認められているというより、むしろ「制限する概念がない」といったほうが正しいかもしれません。アメリカ、カナダ、ニュージーランド、デンマークについては直接のヒアリングで複業できることが確認できています。他の欧米系諸国についても制限されていないようです。

一方、東アジアでは複業が制限されていることが多いことも見えてきました。欧米系の国では、「そもそも職業選択の自由を制限することはできない」という発想なのに対し、東アジアでは「公務員なので複業をしてはいけない」という発想のようです。なぜこのような違いが生まれたのか、引き続き調査を進めたいと思います。

第3章

実践編②
複業を始めてみよう

本章では、複業をするときにまず行うことを具体的に紹介します。私が知り得る限りの複業の方法と、それを実現するための手段を紹介しつつ、動き出すための心構え、マインドセットもまとめました。

まずは、現行制度の中で「許可を要しない」とされている複業をまとめました。報酬が発生するものとしないものとがありますので、適性や関心の方向に合うものを試してみてください（法的には許可を要しないとされているものの、ローカルルールで許可を求められる場合があります。判断に迷う場合は所属長に確認を取ることをおすすめします）。

1 許可は不要で、利益が発生するもの

許可は不要ですが、経済活動を体験でき、金銭的な利益を得られる可能性がある複業を四つ紹介します。まずはここから踏み出してみると良いかもしれません。

①投資信託などの資産運用

株式投資は複業の入門に最適です。2024年には新NISAも始まり、証券取引がより一般的なものになりました。NISA講座での買い付けでは、米国株式インデックスファンドや全世界株式インデックスファンドをドルコスト平均法で購入する方法が最近の王道となっているのではないでしょうか（この文章の中にわからない用語があれば学んでみるチャンスです）。

本書の趣旨とずれるため詳細な解説はしませんが、複業に興味を持った人には最初におすすめしたいのが資産運用における複利の考え方です。自身の買い付けている金融商品の運用が年間平均何%の利回りになり、将来どのくらいの価値になるのか、ということを考えていくうちに複利の知識が身につきます。資産運用で得た感覚は、自分の持つリソース（資源）をどこにどれくらい投下させるべきかという人生全体を通した決断の役に立ちますし、うまくすれば金融資産を増やすことができます。

ただし、複数のモニターと四六時中にらめっこするような、個別株などのデイトレードはギャンブル要素の強い資産運用方法のためおすすめしません。それよりも資産運用の勉強も兼ねて、NISAの制度を利用した堅実な積立投資を行うのが良いのではないでしょうか。

資産運用の入門のために「NISA口座」「インデックスファンド」「ドルコスト平均法」の三つを調べて理解できれば、スタートラインに立てます。ぜひ一度学んでいただき、資産運用を始めてみてください。

②自宅投資

「自宅投資」とは、自分が住んでいる住居を資産として活用できるように買い付ける方法です。マネーリテラシーの高い人たちの通説として「自宅不動産は資産とは言わない」というものがあります。しかし私はうまく組み立てれば家計を守ってくれる状況を生み出すことができると考えています。

自宅を買うのですから、もちろん兼業許可は不要であるものの、家計に利益を生み出すために頭や手を動かすことができます。以下に二つの方法を紹介します。

【都市部中古マンション購入法】

都市部で人気のある駅の周辺エリアは、局地的に中古マンションの価格が上昇している場合があります。東京だけに限らず、大阪・名古屋・福岡などの地域でも同様の現象が起こっているようです。こうした人気エリアにある中古マンションを購入し、居住しながら値上がりするのを待ちます。購入後10年間は住宅ローン控除が受けられます（２０２５年末まで）。

購入後10年程度経ち、生活様式や考えが変わっていたら住み替えます。10年居住した上で、値下がりしていない、または値上がりしている物件であれば、売却時には売却益が発生します。

ある教員夫婦は、ペアローンで４６００万円の中古マンションを購入し、５年居住するうちにマンション価格が６０００万円に値上がりしたそうです。この夫婦は５年後の住宅ローン控除終了時の売却を予定しており、賃貸・戸建て分譲・中古マンションなど、再び最適な住まい探しをその時の価値観に沿って行うことができます。

ただし、この方法には注意が必要です。良い物件を買うためには良い不動産事業者に出会わなければなりませんし、相場感覚を養うためには何件も内覧が必要です。確実に値上がりするわけではありませんし、災害のリスクもあります。それなりの準備と時間を要し、ミドルリスクは負うという、まさにビジネスそのものです。

【ヤドカリ法】

ヤドカリ法とはその名が示すとおりどんどん住み替えをしていく方法です。

1　安価な不動産を購入する

2　自分が居住する

3　ローンはできるだけ早く完済する

4　新たな自宅をローンで購入し住み替える

5　元々住んでいた家は賃貸に出す

↓1~5を繰り返す

ヤドカリ法は、住み替えをしながら、自分の住んでいた住居を賃貸に出す作戦。

最初に購入する住宅が安価であればあるほど1件目の返済は早く終わり、物件が増えれば収益を上げてくれる不動産が増えます。そのため、2件目、3件目と買い増していくたびに返済のスピードは早まるのです。

デメリットとしては、最初の頃は住居にこだわりを持てないことや、所有する不動産の場所を分散させにくいので、災害のリスクがあるということです。それでも、堅実に資産を増やしていくことのできるやり方ではあります。

③不動産オーナー

不動産のオーナーは、「5棟10室未満」という細かなルールはありますが、許可を得ずに行って良いとされています。「5棟10室未満」とは、例えばこんな例です。

・戸建ての賃貸を3戸所有している
・6室のアパートを1棟所有している

上記の条件で不動産を所有すると4棟9室ということになり、規定の範囲内です。この物件数を上回る場合は許可申請が必要です。

私の知る元小学校教員はヤドカリ法で戸建て不動産を購入し、収益物件を手に入れつつ、アパートローンで6室のアパートを購入し、オーナーとして不動産業を営んでいました。公立教員を退職した後、いまは大学院に通ったり、教育系の別の仕事に就いたりと、第二の人生をスタートさせています。それなりのリスクを伴いますが、しっかりと学び、時間を味方にすれば大きな可能性のある複業だと言えます。

④太陽光発電

「太陽光発電の何が複業になるの？」と感じる方もいるかもしれません。太陽光発電は売電収入を得ることができます。日中に発電した電気を蓄えて、夜間に使用したり、余った電気を売却したりすることができます。

販売をすることは自営業に当たらないのかについては、太陽光発電設備の定格出力が10キロワット以上である場合にのみ自営業とみなされます。それ以下は自営業とはみなされず、許可申請も必要ないということです。住居への太陽光発電設備や蓄電池の設置について、地方自治体から補助金を受けられる可能性があります。この仕組みはプラグインハイブリッド車やＥＶ車との親和性が高いため、車が必要な地域にお住まいの方は調べてみてください。時間と労力を使って勝ち筋を見つけていく体験は、複業を疑似体験する良い機会になると思います。

2 許可は不要で、利益が発生しないもの

報酬が発生せず、営利活動にも関係しない複業は許可が不要です。報酬も発生しないのに何のためにやるのか、それは趣味ではないのか、と思われるかもしれませんが、興味のある分野で実績を積むことは資産になります。金銭的な報酬以外にも、自分自身のためになることはたくさんあります。そういった意味で、許可を要さず報酬も発生しない活動も複業と言えると私は考えています。それらは参加のハードルが低く、すぐにでも取り組むことができるのが良いところです。

①SNSやブログなどの発信

SNSやブログでの発信は、複業に興味を持っている方であれば、すでに取り組んでいるかもしれません。SNSやブログの運用による発信活動は、無報酬の状態で行ったとしても様々な効能をもたらします。例えば次のようなものです。

・SNSマーケティングのノウハウ
・顧客視点の獲得
・定量的な実績
・ライティング力の向上

当然、学びながら発信をすることでそれぞれのスキルを伸ばしていくことができます。改善を繰り返しながらSNSのフォロワー数を獲得することができれば、SNSマーケティングの感覚が身につきます。

また、SNSのフォロワー数やブログのPV（ページビュー）数はそのまま実績を証明する数字になってくれます。あなたの活動を広くPRしてくれる上に、その数字がそのまま説得力を持つのです。ブログによるライティング力の向上はそのまま学校の仕事にも還元できます。

私の場合は、運営するサイトが新聞に掲載されたことから出版社の方に見つけていただき、本を執筆することになりました。SNSやブログで始まる小さな積み重ねは、正しく改善と継続を繰り返すことで次のチャンスにつながっていくのです。

まずはSNSアカウントを開設し、毎日1回の投稿を続けてみてください。小さな継続が、新しい始まりにつながるかもしれません。

②プロボノ活動

「プロボノ」とは公益性のある事業に対して、自身の専門性を活かして貢献することです。専門職のボランティアと考えても良いかもしれません。お金にはなりませんが、経験や実績・人脈という数字には表れにくいメリットがあります。

私は、通信制サポート校の立ち上げにプロボノとして参画した経験があります。SNSを通じて設立者の方と出会い、自分が運営するブログでそれなりのPV数をとっていたことで、WEBメディアの立ち上げを任されました。開校前の時期に、トライアル入学していた生徒さんと一緒にＷＥＢメディアを立ち上げ、Google検索の上位を獲得することに成功しました。これらの実績が、私の職務経歴書にポートフォリオとして加わりました。**誰かの情熱を手伝うことは次のチャンスにつながる**ということを実感した経験でした。

プロボノ活動自体はどんなものでも良いと思います。得意分野を生かすことができる活動にぜひ参画してみてください。

なお、株式会社Another worksが提供する複業クラウドでは、ＮＰＯや自治体が募集する様々なプロボノ活動が掲載されています。民間企業の人でもまずはプロボノ活動から実績を積み、説明できる成果を積み上げてから次につなげようとしている人が多いようです。

③無報酬での非営利法人の役員

非営利法人の役員を無報酬で務めることは公立の教員にも許された複業であり、2章で示したように総務省資料でも紹介されています。

非営利法人とは、一般社団法人やNPO法人などを指し、これらは何らかの社会的な目的を持っています。非営利法人の役員を無報酬で務める場合は、「給料」という意味での金銭的な報酬はありませんが、金銭以外のインセンティブ（報奨・刺激・動機付け）が得られます。

金銭以外のインセンティブとは何か。主に経験と実績です。役員としての活動を通じて経験を積み、実績を築くことで、次の活動やチャンスが引き寄せられるようになります。特に法人の役員というポジションは、一般の企業で言えば取締役に相当し、その重要性からインセンティブが生まれます。

組織を盛り立て、役員としての職務を果たす中で積み重ねた実績が、個人の価値を高める要素となります。個人としては無報酬であっても、法人としての売り上げや利益を上げることはできます。

例えば事業を展開し、得た利益で最新のデバイスを法人で購入し業務に生かすことができます。個人で購入すれば給料から支払わないといけないものが、法人の経費として購入できるわけです。

このように非営利法人の役員としての活動には、無報酬であっても社会的貢献や個人の成長につながる多くのインセンティブが存在します。すぐに実践するのは難しいかもしれませんが、非営利法人に関わる機会が巡ってきたときには、ぜひ臆せずに、役員に名乗りを上げてみましょう。

3 許可が必要で、利益が発生するもの

許可を要する複業は大別すると2種類あります。「教育公務員特例法に準ずるもの」と「地方公務員法に準ずるもの」です。

取り組もうとする複業の種類によって、どちらの法に準拠させるかを考えます。すでに複業を実践している方々がどのような経路でたどりついたかを参考にしてみると良いでしょう。

教育に関する複業―教育公務員特例法に準ずるもの―

教育公務員特例法に準ずる複業は「教師がする複業」をイメージしたときに最初にあげられるようなものです。具体的には次のようなものがあります。

①著述業

教育書の執筆や教科書の編纂などは、教員の最も伝統的な複業の一つです。しかし、ほとんどの人は自分には関係ないと思っていないでしょうか。私もそう思っていました。実際には研究会に参加していく中で声をかけられたり、ネットでの発信がもとで声をかけられたり、いろいろなパターンがあるようです。

もし教育の実践を本にしたいのであれば、重要な要素は「売れそうな内容であるか」「世に出す意義があるか」ということではないでしょうか。

教育書の執筆経験がある人に聞くと「SNSでフォロワー数を獲得したら勝手に声がかかると思っていたけど、私の場合は企画書を持ち込みました」と。これは私にとっても新たな発見でした。**教員も自分から売り込んで良い**ということです。

本の出版は以下のようなフローで決定します。

①（著者が決まっている場合は相談の上）編集者が企画書を作成
②出版社の企画会議で出版の企画が通る
③出版社から依頼書が著者に渡される
④依頼書をもとに兼業申請を出す
⑤著者は許可を受けて執筆を始める
⑥編集、校正を経て、印刷、刊行

この流れの中で兼業申請を出すのは④の段階であり、③の段階までは金銭の授受も出版もされていませんから許可は要しません。

ぜひこちらから仕掛けていきましょう。SNSのフォロワー数を増やしたり研究会に参加して人脈を広げたりしつつ、自分の実践を積み重ねて企画を持ち込んだほうが、出版に至る可能性は高いのかもしれません。そのためのトライアルとしてnoteに実践を書きため、SNSで発信し、ある程度読者数を獲得しておくというのも有効です。出版にこぎつけるまで、あの手この手を講じてみてください。

②講演業

教育委員会が実施する研修や、大学・専門学校などが実施する研修に講師として招かれることも教員の伝統的な複業の一つです。ある程度のキャリアを積んでいくと、勤務する自治体の研究部会で発表者を任されるようになることもあります。依頼される経路が所属する自治体からであれば本業への追加の仕事ですが、これが他団体から依頼されれば複業になります。

「わざわざお金を払ってまでその人の話が聞きたい」と思ってもらうためには、それに見合った知見が必要です。また、依頼してもらうためには人脈も必要です。

私は２０２３年12月に専門学校で講義を行いましたが、これは知人からの直接の依頼でした。いろいろな場に顔を出し、積極的に自分の考えや活動を発信していくことで、講演を依頼されるという機会が巡ってくるかもしれません。

教育に関するものではない複業──地方公務員法に準ずるもの──

教育に関するものではない複業は地方公務員法によって可否が判断されます。本書の挿絵を担当してくださっているパパ頭さんのコミックエッセイ『パパが育休とってみたら妻子への愛が深まった話』（KADOKAWA）も、教育に関するものであるという判断はされず、地方公務員法に基づいて兼業許可が下りています。基本的には以下の要件が揃っている複業は許可を得られる場合が多いようです。

・公益性が高い
・報酬が高額すぎない
・特定の営利事業者への貢献を目的とするものではない

つまり、「利益を上げることを目的としているわけではないながらも報酬を受け取ることができる複業」が認められやすいということになります。

4 非常勤講師という選択肢

昨今、非常勤講師をしながら個人事業主をするという働き方をする人が増えています。理由は様々ですが、「子育ての時間を増やしたい」「自分の事業を持って自由度を高くして働きたい」「アーティスト活動など、自分の目標を追っている」などの理由から新卒で非常勤講師になる人もいれば、ある程度キャリアを重ねた先生が非常勤講師になるケースもあります。

私も２０２１年～２０２３年の２年間を非常勤講師×個人事業主として過ごしました。具体的な始め方とメリット・デメリットについて触れておきます。

①講師登録する、または個人的なつながりで希望の学校に任用される

講師登録を行うのが最初の作業です。元々正規職員だった人は、退職した教員向けの様式があり、教育委員会へ登録に出向かなくても講師登録ができる場合があり

ますので所属先に確認してみてください。また、教育学部を卒業している人の場合は同じ地域でのつながりもあるでしょう。人脈を駆使して勤務先を探す方法もあります。ただ、以下のポイントをおさえる必要があります。

・希望の時間数、日数、勤務の時間帯、勤務地を決めておく

自治体によって様々ですが、登録の用紙の備考などに希望を記入するときのために、希望する時間数、日数、勤務の時間帯、勤務地を決めておくと良いです。自分の方針を固めておかなければ、勤務時間が多くなる方向に流れます。自身の理想の生活や、得たい収入から逆算して、条件面での方針を固めておくと良いと思います。

・担当したい業務の順位をつけておく

教科を担当したいのか、特別支援を担当したいのか、授業をしたいのか、サポートに徹したいのか。授業であれば志望度の高い教科は何なのかなど、明確にしておくと良いでしょう。完全に希望の条件と合致する学校はなかなかないものの、どのラインまでなら受け入れることができるのかをイメージしておくのは重要です。

・社会保険の方針を定める

これは、「自身の希望する年収と社会保険料の条件とを照らし合わせて、最適な勤務条件を定めておく」ということです。

非常勤講師として働く場合、3種類の社会保険の加入の仕方があります。

①配偶者の扶養に入る（年収103万円以下）
②非常勤講師として共済組合の保険に加入する
③自身で国民健康保険料を納める（①と②以外の場合）

年収が103万円以下の場合で、かつ配偶者が会社員や公務員である場合は配偶者の扶養に入ることができます（「103万円　社会保険」などで調べてみるとインターネットで様々な情報が得られます）。

勤務時間が少なくなり、自身の活動に充てられる時間が最大化でき、かつ社会保険料の負担もないためおすすめです。一方で、当然収入は103万円以下ですので金銭面での自由度は低くなります。

非常勤講師として共済組合の保険に加入するためには、地域で多少異なるものの週20時間以上の勤務が条件となります。週20時間以上の勤務となればボーナスが支給される場合も多く、収入面は扶養の範囲内で働く場合に比べてかなり向上します。ただし、当然、別の活動にかけられる時間は少なくなります。ここは社会保険だけを中心に考えるのではなく、自身の価値観とのバランスで決めるのが良いでしょう。

国民健康保険料を納める方法は、保障内容や保険金の観点からあまりおすすめできません。国民健康保険よりも共済組合や会社員として入っている社会保険のほうが手厚い場合がほとんどだからです。

②調整・交渉する

勤務先候補の学校が決まると最初に面談があります。この面談がその後の働き方を左右するため、勤務の条件や、社会保険の条件、希望する働き方などについて具体的にイメージし、しっかりと伝えましょう。

③開業する

開業は思ったよりも簡単です。どんな事業を行うか、事業内容さえ決めてしまえば、後は税務署に届け出るだけです。税務署に開業の届け出を行えば、稼働時間などは自分で決められるため、子どもの保育園なども継続させることができます。

④事業を育てる

事業を育てることに関しては根気強く続けていかなければなりません。また、非常勤×個人事業主の難しいところは、個人事業に充てられる時間が限られることです。例えば、非常勤講師として週に20時間労働するのであれば、単純に事業に投入できる時間が20時間減少します。月に換算すると80時間、1年の非常勤の勤務時間が35週と仮定すると700時間です。**自身のスタンスを整理する必要があります。**

掛け持ちをすることになりますから、最初は何か一つのこと（学校の仕事を除いて）に注力するのが良いでしょう。

非常勤講師×個人事業主のメリット・デメリット

非常勤講師と個人事業主を兼業する場合のメリットとデメリットについてあげてみます。まずはメリットから。

【非常勤講師×個人事業主のメリット】

- 校務分掌を担当することがほとんどない
- 時間を区切って働きやすい
- 一般的な仕事より時給が高い傾向がある
- 週20時間以上勤務で期末手当が支給されることが多い

・自由な時間が多い

時間を自分なりに区切って働くことは、正規の教員や常勤の教員に比べるとやりやすいです。また、一般的なアルバイトや時間労働に比べると時給が高く、ボーナスをもらえる場合もあります。——次にデメリットをあげます。

【非常勤講師×個人事業主のデメリット】

・正規の教員より福利厚生が弱い
・年収は確実に下がる
・有期雇用
・キャリアの不安はぬぐえない

心配な部分は何と言ってもお金に関することでしょう。年齢や待遇にもよりますが、**正規教員の半分以下になることは避けられない**と思います。雇用の形態や期間によっては、福利厚生や有給休暇に、正規の教員とは大きな差があり、休みづらい面もあります。ただし、有給休暇に関しては自治体による差が大きく、事前に公開されている情報をしっかりと確認して比較することをおすすめします。

5 マインドセットを変えてみよう!

それでは、いよいよ複業を始めるにあたって最初に踏み出すべき一歩を紹介します。

ちょっとした一歩を踏み出してみる

最初の一歩を踏み出すためにはマインドセットを変えることが必要です。

「失敗したらどうしよう」「こんなことをして変に思われないだろうか」といった不安がブレーキを踏もうとしてきます。これは大人、特に教員になると無意識に体得してしまう癖のようなものだと考えています。私も以前は人と関わるのが苦手で、誰かに会いに行ったり交流の場に参加したりといったことをしてきませんでした。しかし、複業を形にしていこうと考えるのであれば、これらのアクションは必須です。**ネットやＡＩの時代になったからこそ、直接人と会って交流することに価値が生まれている**という側面があります。行動を起こすマインドを得るためにおすすめの具体的なアクションを紹介します。

①いつもの居酒屋で、普段は頼まないメニューを注文する

普段、無意識にしているルーティンは誰にもあると思います。まずは、いつもとちょっと違うことをしてみましょう。例えば次のようなことです。

・帰り道にいつもと違うルートで帰る
・いつもの居酒屋で普段は頼まないメニューを注文する
・休日の朝ごはんに朝ごはんらしくないものを食べる

これらの、普段はとらないような選択をすることで、自分にとって許容できる変化の幅を広げてみてはどうでしょうか。「ときどきハズレもあるけど、発見もあって面白いな」と感じる瞬間があります。ぜひ小さな発見を積み重ねてみてください。

②気になることを少しだけでもやってみる

次は、その状態で少し気になっていたことに手を出してみましょう。

私は釣りが好きで、釣りの動画を視聴しているうちに子どもの頃にやっていた海釣りをしたくなりました。海釣りが趣味になった後、評価経済を体験したくなって海釣りユーチューバーを始めました。そして、その活動が連鎖的につながっていまに至ります。全てはちょっとした興味と、計算のない好奇心から始まりました。よほどの天才でない限り劇的に何かを変化させることなんてできないはずですから、少し興味を持ったことにチャレンジしてみても良いのではないでしょうか。次につなげるコツは、ただチャレンジするだけではなく発信を織り交ぜてみることです。

③マンションの理事長・自治会長・PTA会長に立候補してみる

マンションの理事長、自治会長、ＰＴＡ会長の共通点がおわかりになるでしょうか。どの役職も一定の予算を持ち、それなりの会員数を抱える団体の長であるということです。大変な仕事なので敬遠されがちですが、やってみると間違いなく貴重な経験になります。

複業は自分の限られたリソースを振り分けて成果を出していくための営みです。いわば「**株式会社自分**」であり、自分で自分のリーダーにならなければいけないわけです。地域の役に立つことと同時に自分のスキルアップもできる、得難い経験になりそうです。

④自己分析と自分の棚卸しをする

何かを始めようと普段と違う行動をいくつか試していく中で、自分にとってはまるものとしっくりこないものとがあるはずです。それらが見えてきたときは自己分析を行うチャンスです。1章でも紹介しましたが、自己分析（自己理解）と自分の棚卸しに挑戦してみてください。

自分をうまく使いこなすためには、自分の価値観や指向、得意なことを理解しておく必要があります。おすすめの本は『世界一やさしい「やりたいこと」の見つけ方』（八木仁平）です。自己分析のためのワークが具体的に紹介されています。

複業において最も重要な3要素のサイクル

次に、最初の一歩でありながら、継続していきたい最も重要な三つのサイクルを紹介します。初めは勇気が必要かもしれませんが、ぜひ実践していただきたいです。

①発信する

まずは何でもいいので発信してみてください。教育のことでも趣味のことでも、とにかく何でも良いです。そしてそれを少しの期間続けてみれば、必ず何かが見えてきます。SNSに限らず、友人や職場の人に自分自身の考えや行動を発信してみましょう。動けば必ず何らかの反応があります。

②情報を取得する

発信をすると、自身の知識や経験の少なさに気づくタイミングがやってきます。しっかりとしたアウトプットをするためにはインプットを行わなければなりません。方法は何でもOKです。本を買うもよし、ブログを読むもよしです。越境に関するニッチな情報を得たいのであれば私のnoteを読んでいただくのも良いかもしれません。

アウトプットによって見えてきた課題を解決してくれるようなインプットをしてみる。それを咀嚼し、再度アウトプットするのです。人はあなたのフィルターを通した情報や意見を求めています。

↓前田央昭のnote

③交流する

アウトプットとインプットのサイクルを繰り返しつつ、**思い切ってどこかに顔を出してみてください**。ここがもしかすると心理的ハードルが最も高いかもしれません。しかし、人との交流は様々なことをもたらしてくれます。

・新たなアイディアの創出
・価値観の刷新
・新たなつながりによるこれまでと異なるアクション
・自分を支援してくれる心強い仲間との出会い

・自分の強みの再発見

自分とは違う考えの人との交流によっていままでになかったアイディアが生み出されることがあります。また交流によって自分の価値観に揺さぶりをかけられるかもしれません。新たな出会いは自分だけでは起こせなかったであろうアクションを引き出してくれます。たくさんの人と出会うことで、自分のファンになってくれる人に出会えるかもしれません。そして、様々な人との交流は相対的なあなたの得意分野を浮かび上がらせてくれます。

アウトプット・インプット・交流のサイクルを回していくことで、らせん階段のようにあなたの世界は広がっていきます。発信の癖をつけ、インプットで知識を蓄積し、交流によってそれらにブーストをかけて徐々に複業につなげていく。初めは小さな変化しか起こらないのですが、そのうち雪だるま式に大きくなっていきます。「何も起こるわけがない」と変化を恐れるのではなく、**「何も起こらなくて当然、いつか何かになったらラッキー」**くらいの気持ちで、思い切って行動を起こしてみましょう。

第4章

僕たちが描く未来

複業への一歩を踏み出す教員の方々に向けて、この章では、小さいながら私たちがこれまで起こしてきた動きと、描いている未来像について紹介します。

私は**教員の複業は手段であって、目的ではない**と考えています。1章にも書いたように、より良い学校や社会をつくっていくきっかけであり、教育改革のための一手だということです。「教師の複業はこんな未来の社会につながっているんだな」とイメージを膨らませていただけたら幸いです。

1 これまでの取組み

私は、非常勤講師×個人事業主になり、2023年からは会社員×教育系パラレルワーカーとして、実験的な取組みを積み上げてきました。まだまだ芽は小さいですが、少しずつ教員の複業が当たり前になる世の中に近づいているように思います。これまで取り組んできた活動を簡単にご紹介します。

①先駆者へのインタビューの実施

ＷＥＢサイトやYouTubeチャンネルで教員の複業について発信していた私は、複業を実践している教員の生の声を情報として届けるべきではないかと考えました。そこで、そのような先生方にお声がけし、活動のＰＲを兼ねてインタビューさせていただき、それを記事や動画にする試みを始めました。コンテンツをつくり込めばつくり込むほど、取材はしやすくなり、様々な人の話を聞くことができました。

当初、正規の教員で兼業許可を得て活動している人たちは特別なことをしているのではないかと考え、何か秘密のメソッドを見出せないかと期待していました。しかし、そのようなメソッドはなく、見えてきたのは少しずつの積み重ねとちょっとの好奇心、そして行動をするということくらいでした。このように、先駆者へのインタビューから、誰にでもチャンスがあるということがわかってきました。

②教員の複業コミュニティの設立・運営

インタビューを重ねていく中で、２０２２年3月からコミュニティを始めました。教員の複業を研究・実践する場です。オンラインチャットツールのSlackを活用し、コミュニティを設立することを当時のTwitter（現X）上で発信しました。最初は5名程度から始まったコミュニティもいまは80名が集まっています。

コミュニティ内では複業に取り組みたい先生や、すでに許可を得て複業に取り組んでいる先生がどのようにして兼業を認めてもらうか、またどのような外部活動を行うのかといった情報交換をしています。かなりマニアックな、兼業申請の裏話や複業の相談もできる場になっています。

③依頼・兼業申請の実証実験

兼業許可に関する基準はまだまだ不明確です。それを明らかにするため、先ほど紹介したコミュニティのメンバーに兼業許可申請を出してもらうという試みを行いました。私は個人事業主ですので、そこからメンバーに仕事の依頼を行い、メンバーはその依頼書をもとに管理職に兼業申請をします。不明瞭になりがちな兼業許可の基準についていろいろなパターンで依頼をしてみることで、許可基準の輪郭が見えないかと考えての試みでした。詳細は2章で紹介したので省略しますが、複業に関心のある方々との活動で、少しずつ複業を取り巻く環境が見えてきました。

④非常勤の先生方との架空DAO

DAO（Decentralized Autonomous Organization）とは分散型自立組織のことです。私が非常勤講師だった頃、同じく非常勤の先生方とチームをつくり、教育系事業者のWEBサイト制作を請け負いました。デザインを担当する人、サイトの構築を担当する人、それを総括する人、それぞれ分業し、納品までを完了させています。実験的な試みだったので報酬は高くありませんでした。しかし、非常勤×個人事業主の方々でチームアップして仕事ができたのは面白い経験でした。

⑤教員の越境に関する疑問に直接答えるnote

発信を重ねていくうちに、複業に関する相談や、キャリアに関する相談を受ける機会が増えてきたため、複業などの外部活動に関心を持つ教員向けにメンバーシップ記事の配信を始めました。学校外への越境をしていくにあたって私がぶつかった壁、気づきについて共有したり、メンバーからの疑問についてもお答えするようにしています。ニッチな悩みであるがゆえにまわりに相談できないという方が多く、かつ、共通の悩みを抱えている場合が多いのです。

それらを双方向で考えていく場として、試験的にnoteのメンバーシップ配信を行っています。まずは悩みに寄り添いながら、ゆくゆくはこの場で得られた気づきやアイディアを何らかの形にしていきたいと考えています。

「複業についてモヤモヤしている」「自分にとっては大きな悩みだけどなかなか相談できる人がいない」という方は、ぜひ、のぞきに来てみてください。

2 教員が複業できる社会までのロードマップ

私たちが様々に取り組んできた研究・実践から、教員が複業しやすくなる社会の実現に向けて、その道筋（ロードマップ）を具体的にイメージしてみました。

①教員に複業を依頼するための主体をつくる

兼業許可申請の結果の事例を見ると、公益性が高く、教育に関係している団体からの依頼であるほど許可が得やすくなる傾向があります。特にNPO法人や一般社団法人は非営利なため公務員でも参画しやすい。NPO法人の場合、運営資金の集め方にもバリエーションがあるため、持続的に活動がしやすくなります。

そこで、現在、NPO法人づくりを進めています。教員の外部越境プログラムを作成し、この法人から教員向けに依頼を出していきたいと考えています。

②教員への複業依頼の実績を積み重ねる

NPO法人（仮に「NPO法人越境先生」としておきます）が立ち上がったら、教員への依頼の実績を積み重ねます（つまり兼業許可申請の提出実績を積み重ねます）。様々なパターンで様々な自治体に申請を行い、実績を積み重ねるわけです。

「NPO法人越境先生」に対して別の民間企業から依頼があれば、その業務を請けていただくということもできるかもしれません。また、「NPO法人越境先生」

そのものの運営にも事務局スタッフは必要です。この運営を教員の方にお願いすることもできるかもしれません。**教員の複業を行いやすくする取組みそのものが複業になる**というのは、我ながら面白いアイディアだと思っています。

③一定規模以上の自治体にある教育委員会との連携

「NPO法人越境先生」で実績を重ねていきながら、私たちの活動に関心を持ってくれる自治体を探します。そして、自治体と連携し、公式に複業を行うための講座等を企画運営して複業に関心のある先生方を募ります。並行して、当該自治体と一緒に「NPO法人越境先生」で蓄積した兼業の実績をもとに、具体的な許可の可否やそもそも許可が必要なものなのかどうかを示したガイドラインを作成します。教員側と教育委員会側の両面に、複業のための素地をつくるサポートを行い、教員の複業における先進都市とするのです。

もしこの本を読んでくださっている教育委員会事務局関係者の方がいらっしゃいましたら、ぜひご連絡ください。

④教員の複業先進自治体の好事例を蓄積、ＰＲを行う

「ＮＰＯ法人越境先生」と連携した自治体で、教員の複業の事例を蓄積します。影響を与えていると考えられる関係者に対してのアンケートや、労務改善・教育活動への影響などを定量的に調査します。取組みの前後でどのような変化があったかを検証することで、複業導入による好ましいエビデンスを蓄積していくのです。

教育委員会が、その取組みを発信していくときにはサポートを行い、メディアを通して社会に広めます。そうすると、その自治体に注目が集まります。教員の複業が、教員自身だけでなく、子どもたち、学校組織、地域社会に良い影響を与えたという実績を残し、社会が取組みに関心を抱いてくれれば少しずつ追い風が吹くのではないでしょうか。

さらに、すでに複業を奨励している民間企業の知見も借りながら、広く社会に取組みを知ってもらうための働きかけをしていきます。

⑤教員の複業が起点となり採用倍率が向上する

複業先進都市の取組みがメディアなどに取り上げられれば、当該自治体の認知度は高まります。すると、複業ができないという理由で教職を選択肢から外していた人たちの受験を促すことができます。他の自治体を受験しようとしていた人も当該自治体に進路を変更するかもしれません。民間企業から教員への転職を考えていたものの、年収ダウンがネックになって踏み切ることができずにいた優秀な人材も、複業ができるのならということで集まってくる可能性があります。これにはすでに先例があり、奈良県生駒市は職員の複業を認めるようになった時期以降から多様な人材の確保と採用倍率の大幅向上に成功しています。学校教育業界でも、これを取り入れていこうということです。

ただし、問題もあります。行政職員の場合は小中規模の自治体でも独自採用になっていますが、教員採用試験の場合は政令指定都市または都道府県（一部の地区を除く）で採用され、都道府県の場合はそこから各市町村に配属されます。

一方で、兼業許可申請の提出先は各市町村なので、複業の先進的な取組みをしている自治体が現れても希望の自治体に配属されるかどうかはわかりません。小中規模の自治体が複業先進都市になったとしても、採用倍率向上の恩恵を直接は受けにくい構造になっているのです。政令指定都市に複業先進都市になってもらうか、または中核都市等と連携し近隣都市を巻き込むか、何らかの工夫が必要です。

採用の権限と兼業許可の間にあるねじれについての問題をクリアにし、複業先進都市であることを採用試験の広報に活用できれば、多くの人がその自治体で教員になりたいと思ってくれるのではないでしょうか。

⑥多様で先進的な取組みのサイクルが回る

以前、ある非営利法人のスタッフの方からこんな話を聞きました。そこは民間企業の人材を教員にする活動を行っています。「教員を志望する人は民間企業にも結構います。問題は年収なんです。教員になると年収が下がります。その分を彼らは複業で補うことができるはずですが、複業が制限されているため年収ダウンに対して打つ手がない。それで教職を諦める人も多いのです」

確かに多様な仕事を持つ時代になっています。私が関わる民間企業の方々は、企業に属しながらも複業を行う人は多くいます。魅力あふれる職業人で、子どもたちの伴走者として面白いことを起こしてくれそうな人が多いのです。本書でも何度も主張してきましたが、複業が制限されているということは、そういう面白い人たちが教員になるチャンスを逃してしまっているかもしれないのです。

教員の複業先進都市にはそれがありません。**学校の教員になって子どもたちに伴走したい、でも自分自身の人生と複数の職業を持つことも大切にしたい。そう考える人材を阻むことなく採用することができます。**

⑦教育を起点に地域社会と経済が活性化する

教育を起点にした地域社会と経済の活性化とはすなわち、子育て世帯の流入です。いま、親になった世代は揺れています。都心では小学校受験、中学受験の風潮が加熱している一方、フリースクールやオルタナティブスクール、通信制高校など、これまでとは異なる文脈で教育を考えようという向きもあります。教育へのニーズ・価値観は多様化しているのです。

では、公立学校は多様化していると言えるのでしょうか。「複業を制限している から多様化していない」とまでは言い切れないものの、教員の多様性の芽を積む要素が学校には多いように思えてなりません。「複業のしづらさ」を取りのぞくことで、柔軟で面白い発想が生まれやすい環境になり、生徒たちの多様性も守れる学校に生まれ変わるかもしれません。

小学校入学前の子どもを持つ保護者が、A市（複業先進都市）では、自分の人生も大事にする先生たちがいるらしいという情報をキャッチして定住地に選んでくれるかもしれません。そうすれば、地域社会も経済も盛り上がりを見せるのではないかと思います。

⑧近隣自治体への波及、そして大きなうねりに

地方自治体の動きはオセロのようにひっくり返ることがあります。例えば2005年に地球温暖化防止の一環として政府主導で「クールビズ」運動が始まった際に

は、地方自治体の窓口職員も一気にクールビズに切り替わっていきました。また、近年の北海道では、農業の人材不足への対策として、公務員の一次産業に対する兼業が促進されるケースが増えているようです。導入した自治体が現れると、徐々に増えていき、ある村では職員の兼業受け入れ事業者を公式ＨＰで募集しています。この大きな流れは北海道で広がり、似た課題をもつ地域にも波及するでしょう。

教育公務員の世界でも同じことが起こると予想しています。

3 こんな未来にしたい

本書のイラストを描いてくださったパパ頭さんの漫画を少しだけ紹介します。この漫画をＳＮＳで見つけたとき、自分が言語化しきれていない想いを完璧に表現されていることに感動しました。

パパ頭さんがSNSに載せていた漫画

社会はグローバル化とテクノロジーの革新によって目まぐるしいスピードで変化しています。答えのない複雑で多様な問題に対して、自ら考え行動していくことに価値があるとされる社会。子どもたちには豊かで固有の強みを生かした生き方をしてほしい。しかし、教師自身が与えられた仕事だけをこなす姿勢しか身につけていなければ、革新的な世の中に解き放たれる子どもたちは混乱します。

消防士が要救助者のために、まずは自分たちの安全を何よりも重要視するように、スポーツジムのインストラクターが一般の人たちよりもはるかに筋骨隆々としているように、**教員は、人として豊かで多様であることをもっと重視して生きるべきではないのか**、と強く思います。そうでなければ、教師の基本である率先垂範ができないと思うのです。

教員は子どもたちのためにも自分自身のためにも自分の人生を生き、可能性を開花させる必要がある、そう信じています。

内なる多様性をはぐくみ続ける教員が子どもたちの伴走者になる

日本の教師たちが、気兼ねなく複業できるようになった世界を特別にパパ頭さんに描いていただきました。

複業してると
毎日楽しいけど
忙しい…
育児コラムの文章
これでOKかな…
先方に送っとこう
返信は帰り
に確認しよ
切り替えて
授業頑張るか!!
今日の講師は
プロ選手に来て
もらいました!!
おおお
最近学校に
いろんな人
来るよな
それな

体育の鈴木
先生って
学校外でも
いろいろやってる
らしいよ
審判とか
技術指導とか
そういうので
顔広いんだって
それもあって
選手が来ること
になったらしい
へぇ〜
外からよく人
が来るなって
思ってたけど
先生も外に
出てんだな
ただいま
おかえり〜
パパ〜
どした？
パパって
せんせい
なんだよね？
そうだよ

でもいろんなことやってる
そうね～
せんせいってなにするしごとなの？
先生はね
なで
いろんなことをするんだよ
だからいろんなことを伝えられる
これ見て
複業してると毎日忙しい
パパ漫画好きなんだ
だから漫画も仕事にしてる
だけど…
グッとくる!!

教員が起点となり、いまよりもっと楽しい社会に

日本社会の育休の価値観を女性教員が大きく変えてくれたように、教員の複業の在り方を変えることで、私はこの国の仕事や人生に対する価値観に新たな風を吹き込むことができるのではないかと思っています。

少子高齢化し、人口減少を止められない地域も多くなり、私たちの社会を取り巻く諸問題は複雑かつ多様化しています。バブルの崩壊後はめっきり低成長になり、「日本は静かに衰退していくのではないか」という不安は誰もが共通して感じ取っているように思います。

でも**私たち大人は、楽しく生きている姿を子どもたちに見せなければいけない**と思うのです。

そして**学校の先生はその最前線にいる**。社会の仕組みや、変化に消極的な学校に不満を抱くのではなく、行動を起こし、もがくことを楽しみ、その様子を子どもたちに見せていけば良いのではないでしょうか。

少しでもいいので外の世界に興味を持ってみてください。もしかすると「こんな考え方を持っているのは自分だけではないか」と、一抹の孤独感を味わうことがあるかもしれません。学校はあまり自身の外での活動を口にしやすい環境ではない場合が多いからです。でも、決してあなた一人だけではありません。ただ出会うことができていないだけです。だから少しでも自身の考えを発信して、積極的に同じ志を持つ人とつながってほしい。そうすることで一人ではたどりつけなかった発想や、面白いアイディアに出会えるかもしれません。

様々な人と関わることでこそ、内なる多様性は醸成されていくのではないかと思います。ぜひ気軽に、つながること、出会うことに挑戦してみてほしいと思います。

一緒に未来をつくっていきましょう!

COLUMN 02

教員のセカンドキャリア

複業を行うことは慣れ親しんだ学校の仕事から越境することです。産育休や転職と通じる部分があります。変化の激しいこれからの時代、学校の先生もシングルキャリアだけで一生を終えることはなくなっていくのではないでしょうか。様々なことに興味をもつ人を後押しする形で、社会の風潮が「マルチステージ社会」へと変化しているからです。

ここで、私が見聞きした教員のセカンドキャリアを紹介します。

・私立学校教員　・大学教員　・外資系ＳａａＳ企業の教育部門
・大手教育事業会社の研究部門　・非常勤×フリーランス
・定年退職後のコンサルティング業や顧問業
・不動産業×専門学校教員　・上場企業の営業職

右記はあくまで一例で、他にもユニークなセカンドキャリアをもつ元先生がたくさんいます。誰しも転職すべきだとは全く思っていないものの、「一度、外界を経験したい」と考えたときに、もっと気軽に挑戦できる社会であってもいいのではないかと思います。

特別対談

Canva Japan 坂本良晶さん × 前田央昭

特別対談
Canva Japan
坂本良晶さん

教員の複業とキャリア

教育インフルエンサーである坂本良晶さんは教員としての発信とパラレルワークがきっかけとなりCanva Japanに活動の場を移しました。そんな坂本さんに教員の複業とキャリアについてお聞きしました。

坂本良晶さん

Canva Japan アジア太平洋地域マーケティング統括マネージャー。文部科学省学校DX戦略アドバイザー。教育コミュニティ「EDUBASE」共同主催。
大手回転寿司チェーンに新卒で入社し売り上げ日本一を達成後、京都府の小学校教諭として採用され働き方改革やICT活用に関する実践を広く発信。2024年4月よりCanva Japanにジョインし活動の幅をさらに広げている。教員向けに発信しているXフォロワー数は4.8万人。

前田央昭

前田　坂本さんが教員時代に開かれていたMicrosoftの教育イベントに参加させていただきお会いして以来ですね。イベント開催に至るまでの外界との接点はどのようにもたれていたのですか？

坂本　あれは私がMicrosoft認定教育イノベーターだったからなのですが、なぜなったかというと「ただTwitterで有名な人・ただ本を書いている人」から脱却するという意図がありました。「確かな認定を受けている人」というポジショニングをするためにMicrosoftと、それからCanvaでもアンバサダーに認定されていました。

前田　報酬はあるのでしょうか？

坂本　これらの活動で直接的な報酬はありません。ただ認定を受けることによって信用が蓄積されていくこと、また、私の場合は書籍の出版につながったことなど、間接的に得るものは大きかったです。その他、文部科学省学校教育DX戦略アドバイザーにも任じられ、2023年度に10回以上全国の学校等を訪問しました。費用は全て文部科学省もちで、当時の勤務校の校長先生の理解も得た上で、学校の勤務時間中の出張というかたちで派遣されていました。

この形式はCanvaの正社員になったいまも続いています。いまはCanvaをドライブさせるために仕事をしていますが、文部科学省DX戦略アドバイザーとして受けた依頼であってもCanvaの勤務時間扱いになります。このように現在も複業には様々取り組んでおり、会社からの報酬以外の売り上げは個人事業に入ってきます。

前田　教員時代から個人事業主として開業していましたか？

坂本　教員時代は開業の許可が下りませんでし

た。とはいえ様々な学校外の活動の中でパラレルキャリアのような状態になっていましたから「地方公務員法的に問題があるのではないか」という話が俎上にあがることもありました。

前田　どういうことでしょうか？

坂本　簡単に言うと「稼ぎすぎではないか」と問い合わせが入ることが間々あったようです。地方公務員法の兼業の解釈では、社会通念上過剰な報酬を受け取ってはならないとされています。

前田　曖昧になりがちな部分ですよね。

坂本　私のパラレルキャリアについて教育委員会が下した判断では「教員としての年収を超えない範囲＝社会通念上問題のない金額」ということになりました。ところが２０２３年度についてはその基準を超えることになり、退職の判断をするきっかけの一つとなりました。

難しかったのはEDUBASEでの活動です。共同で運営している正頭先生の法人から、私が教育に関する執筆や講演の業務を任されているという形式をとることにしましたが、公立学校に勤務しながらこれ以上の複業を行うことは難しいだろうとも感じていました。

前田　そういった点もふまえて、いつキャリアチェンジを決められたのですか？

坂本　明確に考えるようになったのは２０２３年の秋頃でした。週5日間担任をして、残りの土日で外部活動を行う状況に限界を感じました。学校の業務の中ではどうしてもブルシット・ジョブ（クソどうでもいい仕事：本質的ではない形骸化した作業のような仕事）の割合が高く、時間をとられてしまいます。一方で現在は自分にしかできない仕事ができている感覚がありますし、社会に与えられるインパクトも大きいと考えています。

前田　ブルシット・ジョブが最小化されたということですが、外資系の企業に転職したことも大きいのかもしれないですね。

坂本　そうですね。Canvaのプロダクトを広めていくことが日本の教育を前に進めていくことになると確信していて、自分にしかできない面白い仕事ができるのではないかと考え挑戦することを決めました。これがもし違った企業であれば、いまの選択をしていなかったと思います。

いま私はマーケター・コミュニティマネージャー・営業・PRなど様々な業務に携わっていて、業務が定型化されていない状態です。会社そのものも日本での登記からそこまで期間が経っておらずまだまだスタートアップ企業のような様相ですが、一方で大きな予算を動かすことができる可能性もあるためできることの幅は広くやりがいがあります。

前田　楽しそうですね！

坂本　少なくとも自分にしかできない仕事をしている手ごたえがあります。大変ですが楽しいです。ドラゴンクエストやったことありますか？

前田　あります（笑）。

坂本　ダーマ神殿という場所でジョブを変えることができるのですが、一定レベルに達さずに転職しようとするとキレられるんです（笑）。「レベル低いのに転職するんか！」のような感じで。「格闘家として鍛えたパワーをもってして魔法使いになる」のようにそれまでの素地を活かせるキャリアチェンジができると良いですよね。

前田　坂本さん自身が回転寿司チェーンで成果をあげた経験が教員の仕事に活きた部分はあるのでしょうか？

坂本　店舗経営の経験は学級経営に移殖できた

と思います。高校生や大学生、パートの方のマネジメントをしていたことが活きていました。また、回転寿司の業態では精緻なオペレーション（物事を運営していくための手順）を敷きますが、その経験があったからこそ働き方改革の実践を重ね、書籍やSNSを通して発信することができました。

前田　なるほど……やはり越境は大事ですね。

坂本　大事ですね！　私の場合はねらって越境したわけではありませんが、結果的に重要だったのだなと思います。だからこそ教員の複業を応援したいです。とても大事なことなのに気づいていない人がほとんどですよね。「退職しようぜ！」みたいなことではなく、世間を経験してみましょうよと言いたい。外の仕事で1円以上稼いだことのある先生は1％もいません。もっと外に出て行ってもらいたいと思います。私も「パラレルキャリア大事だよ」という話は以前からさせてもらっていて、実際にEDUBASE CREWの皆さんには分担執筆など様々な企画に参加していただいています。「こういった活動をするのは初めてでうれしいです」という声もあります。これからもそのような機会をつくっていきたいですね。

坂本さんが共同運営するEDUBASEはこちら

エピローグ

ここまで読んでくださった皆さま、本当にありがとうございます。本書の執筆を通して、教員の複業について考える機会をもてたことに心から感謝しています。本書が、挑戦したいと考える先生方に正しい情報と仲間がいる心強さをお届けできていれば幸いです。

本書の中で、教員の育休が社会に伝播し、数十年後の社会の当たり前を変化させた事例を紹介しました。教員のライフスタイルの変化は、社会に大きな変革をもたらす可能性があります。

教員の複業については、本書が出版されるに至ったいまが、まさに黎明期であり、産声をあげたばかりです。そしてここからが重要だと思います。いま本書を読み終えた皆さんの全ての行動が、教員の複業の行く末につながっています。教員の複業が広がっていくこと、そしてその先のいまより少し面白い社会に向かって、黎明期にいる私たちのアクションがとても重要な役割を担っているからです。

外界への関心の芽をもつ先生方は、いまはまだ様々な困難や葛藤に直面することが多いでしょう。現状の学校はまだ、外界での挑戦を気軽に話せる雰囲気ではありませんし、制度が時代に追いついているとは言えない状況だからです。そんな中でも、学校外に越境した先生方が少しでも教育に好影響をもたらすことができれば、それはそのまま先生方の越境の可能性を示すことにつながります。また、学校教育からは少し遠い場所にいる人たちにもその有用性を知ってもらうことができれば、社会の理解が得られ、少しずつ道は切り開かれていくのではないでしょうか。

少しずつでも教員の複業を前に進めていくために、本書を読んでくださったあなたには本書で紹介した方法でなくてもそうでなくても良いので、何か小さい一歩を踏み出していただきたい。普段と違う道を通って家に帰ってみる、普段会わないような人と関わる場に顔を出してみる。最初は恐らく居心地の悪さを感じるでしょう。しかし日常の中の小さな越境の積み重ねが、気づけば大きな変化となり複業の成果につながっていくはずです。

本書の制作もまさに小さな行動の積み重ねから実現しました。様々な偶然の出会いと機会が重なり、本書のイラストを担当してくださったパパ頭さんとのご縁が生まれ、あるとき中日新聞にパパ頭さんと一緒に私たちの活動を掲載していただきました。その記事を本書の編集者である戸田幸子さんに見つけていただき、何者でもなかった私に、恐らく商業出版で初めてであろう教員の複業についてまとめた本書の制作の機会に巡り合わせていただきました。いま、私は会社員としても働いていますが、転職時の面接でも「教員の複業を実現させるための活動をしている」と説明した上で採用していただき、民間企業で経験を積むチャンスを与えてもらいました。

おそらくどんな人の複業も、きっかけとなる出来事は小さいものの、それがどんどんと転がるうちに加速し、雪だるまのように大きくなっていくのだと思います。ですから、本書をお読みになった皆さんも、ぜひご自身の小さな関心ごとへのブレーキを外していただきたいです。それぞれの小さなアクションが収束し、学校の先生の仕事をもっと面白く、その姿を見て育つ子どもたちと未来の社会をもっと面白くしていけることを願ってやみません。

【謝辞】

まずは私の活動に理解を示してくれた家族に心から感謝を伝えたいです。私が学校教育の在り方に葛藤していた頃、長女と長男は生まれてきてくれました。育休と育児の期間を共に過ごしつつ学校から離れた新たな視点を獲得するきっかけを与えてくれました。また、教員からの退職、非常勤講師・自営業、民間企業への転職に複業と、落ち着きのない私の一番の理解者で在り続けてくれたパートナーがいなければ本書を世に送り出すことはできなかったでしょう。

最後に、本書の制作に携わってくださった全ての方々、そして読者の皆さまに心から感謝申し上げます。複業を通じて得た経験を教育現場に還元し、多様性に富んだ教育環境を築いていくために、皆さまのご理解とご協力をお願い申し上げます。これからも、教員が外界での経験を積み重ね、自らの人生を豊かにすることで、より良い教育・面白い社会を共に築いていけることを願っています。

前田 央昭

【参考文献一覧】

・『99％の人がしていないたった1％の仕事のコツ』河野英太郎　ディスカヴァー・トゥエンティワン、二〇一二年
・『LIFE SHIFT（ライフ・シフト）：100年時代の人生戦略』リンダ・グラットン、アンドリュー・スコット著　池村千秋訳　東洋経済新報社、二〇一六年
・『日本人の9割が知らない遺伝の真実』安藤寿康　SB新書、二〇一六年
・『科学的な適職』鈴木祐　クロスメディア・パブリッシング、二〇一九年
・『ウィニング・アローン 自己理解のパフォーマンス論』為末大　プレジデント社、二〇二〇年
・『世界一やさしい「やりたいこと」の見つけ方 人生のモヤモヤから解放される自己理解メソッド』八木仁平　KADOKAWA、二〇二〇年
・『越境学習入門 組織を強くする「冒険人材」の育て方』石山恒貴、伊達洋駆　日本能率協会マネジメントセンター、二〇二二年
・『パパが育休とってみたら妻子への愛が深まった話』パパ頭　KADOKAWA、二〇二三年
・『教育公務員特例法制定過程の研究　占領下における教員身分保障制度改革構想』高橋寛人　春風社、二〇一九年
・『教育委員会制度論　歴史的動態と〈再生〉の展望』三上昭彦　エイデル研究所、二〇一三年
・『男性の育休』小室淑恵、天野妙　PHP新書、二〇二〇年
・『まずはアパート一棟買いなさい！』石原博光　SBクリエイティブ、二〇二一年
・『兼業・副業を通じた創業・新事業創出に関する調査事業研究会提言』二〇一七年三月　中小企業庁経営支援部創業・新事業促進課　経済産業政策局産業人材政策室
・『営利企業への従事等に係る任命権者の許可等に関する調査』二〇二〇年一月　総務省
・「公務員が報酬を得て行う地域貢献の支援制度とその課題」内平隆之、藤田房幹、中嶌一憲、中野周平　日本建築学会計画系論文集、二〇二三年八八巻八一〇号

前田央昭（まえだ・ひろあき）
工業高校卒業後、吉本新喜劇に入団。芸能活動と並行し大阪教育大学を卒業、神戸市立中学校理科教諭を８年務めた後、小学校非常勤講師×教育系パラレルワーカーとなる。これまでの複業実績として、教育プラットフォーム「スコラボ」講師、青楓館高等学院生徒メディア担当、F.ラボアンバサダー、企業向け学校参画アドバイザー、海釣りYouTuber、ライター、キャリア講演など。2023年 SchoolTech 企業である Classi 株式会社に入社、並行して NPO 法人越境先生（認証作業中）を設立し代表理事として教員の複業の研究・啓蒙を行っている。

先生《せんせい》が複業《ふくぎょう》について知《し》りたくなったら読《よ》む本《ほん》

2024年９月21日　初版第１刷 発行

著　　者　前田央昭
発 行 者　鈴木宣昭
発 行 所　学事出版株式会社　〒101-0051 東京都千代田区神田神保町1-2-5
電話　03-3518-9655（代表）　https://www.gakuji.co.jp

編集担当　戸田幸子　　編集協力　西田ひろみ・町田春菜　　装丁　細川理恵
装画　イクタケマコト　　イラスト　パパ頭　　組版・印刷　精文堂印刷株式会社

Printed in Japan, 2024　ISBN978- 4 -7619-3024- 0　C3037

「学校のワーク＆ライフシリーズ」刊行に寄せて

21世紀になり、“ワーク・ライフ・バランス”や“働き方改革”という言葉が使われ始めてから、社会の意識は大きく変わりました。

2007年に内閣府が策定した「ワーク・ライフ・バランス憲章」は「仕事と生活の調和＝ワーク・ライフ・バランス」とし、このようなメッセージを伝えています。

・仕事と生活の調和（ワーク・ライフ・バランス）が実現した社会とは、「国民一人ひとりがやりがいや充実感を感じながら働き、仕事上の責任を果たすとともに、家庭や地域生活などにおいても、子育て期、中高年期といった人生の各段階に応じて多様な生き方が選択・実現できる社会」である。
・仕事は、暮らしを支え、生きがいや喜びをもたらす。同時に、家事・育児、近隣との付き合いなどの生活も暮らしには欠かすことはできないものであり、その充実があってこそ、人生の生きがい、喜びは倍増する。
・働く人々の健康が保持され、家族・友人などとの充実した時間、自己啓発や地域活動への参加のための時間などを持てる豊かな生活ができるような社会を目指すべきである。

本シリーズでは、「仕事と生活の両方を充実させる」ヒントになるよう、学校で学び働く方々の「ワーク・ライフ・バランス」向上に寄与していきたいと思います。